THE TEAM
ザ・チーム
5つの法則

麻野耕司
KOJI ASANO
リンクアンドモチベーション取締役

NEWS PICKS × GENTOSHA 幻冬舎
NEWSPICKS BOOK

THE TEAM 5つの法則

はじめに

売上、時価総額を10倍にした「チームの法則」

チームを科学する

本書『THE TEAM』のテーマは文字通り「チーム」です。

人間が1人でできることは限られています。この世に存在するすべての人間が、他者と協働することで「自分1人ではできない何か」に取り組んでいます。「チーム」は、ビジネスパーソンは勿論、登校班で学校に行く小学生からゲートボール部で活動する高齢者まで、老若男女誰しもが関わるものです。

にもかかわらず、学校でも会社でも、チームづくりについて体系的に学ぶ機会はないと言っても過言ではありません。

仮にチームについて指導者や上司が語ったとしても、「チームには情熱や信頼が大切だ」というようなことが本人の経験や感覚に基づいて語られることが多いのが実状です。

本書はチームを「精神論」や「経験則」ではなく、理論的かつ体系的な「法則」で科学的に解き明かしていきます。

経営学・心理学・社会学・言語学・組織行動学・行動経済学など、様々な分野の学術的知見の助けを借りながら、それらをビジネスパーソンだけでなく、学生や主婦の方々も活用できるように分かりやすく「チームの法則」に落とし込みます。

そして、「チームの法則」はできるだけ数式や図に落とし込み、「国語」のように感覚的に理解するのではなく、「算数」のように再現性を持って活用できる内容にしていきます。

「チームの法則」についてのイメージが湧かない方のために、チームに関する初歩的な質問をしてみたいと思います。

「チームにおいて1＋1が2よりも大きくなることはあるか？」

要はチームのパフォーマンスは、それぞれのメンバーが1人で活動している時に生み出していたパフォーマンスの総和を上回ることができるか、ということです。

答えはＹＥＳです。

それは何故か。

本書で「チームの法則」を理解すれば、何通りものパターンでその理由を述べることができるようになります。

最もオーソドックスな理由の1つをご紹介しましょう。

例えばAさんというメンバーは企画するのは得意だが、計画や実行が苦手で、1人で活動している時は1のパフォーマンスを出していたとします。逆にBさんというメンバーは計画や実行が得意だが、企画するのが苦手で、1人で活動している時はAさんと同じく1のパフォーマンスを出しているとします。

2人がチームを組むことによって、Aさんが苦手な計画や実行に関する活動をそれが得意なBさんが担当し、Bさんが苦手な企画に関する活動をそれが得意なAさんが担当するという役割分担が可能になります。

そうすれば、お互いに得意な活動に集中できるAさんとBさん両方のパフォーマンスを1から1・1や1・2へと高めることができます。結果としてチームのパフォーマンスを2ではなく2・2、2・3、2・4と高めていくことが可能です。

このように「適材適所」が実現できれば、チームにおいて1＋1は2よりも大きくなり得るのです。

言われてみれば当たり前だと感じるかもしれませんが、実際にはこのような非常に初歩的な法則すらすぐに答えられないような状態でチーム活動をしている人が沢山います。

言わば、「チームの法則」については足し算と引き算くらいの理解で留《とど》まってしまっており、方程式はおろか、掛け算や割り算も知らないということが多々あるのです。

誰もがチームを誤解している

チームに関して体系的に学ぶ機会がないために、多くの人々がチームに対して、誤った認識を持っていたり、思い込みをしていたりします。


「目標を確実に達成するのが良いチームだ」

「多様なメンバーがいるチームが良いチームだ」

「チームはコミュニケーションが多ければ多い方が良い」

「みんなで話し合って決めるのが良いチームだ」

「メンバーのモチベーションを高めるためにはリーダーが情熱的に語りかけることが大

切だ」

一見すると正しいと思えるこれらの考えが、実は、時にチームが十分にパフォーマンスを出せない原因になり得るのです。

これらは私たちが知らず知らずのうちに身につけてきた社会通念を誤ってチームに適用してしまったり、過去の社会システムに自分でも気づかないうちにとらわれてしまっていたりすることにより、生まれる誤解です。そうした誤解により、多くのチームのパフォーマンスが下がってしまっています。

本書はそれらの誤解を解き明かし、本来あるべきチームの姿を丁寧にお伝えしていきます。

「チームの法則」を用いてチームづくりをすることで、こういった誤解を解消し、適切なチーム運営ができるようになるはずです。

この国に必要なのは、チームという武器

私はこの国にはチームという武器が必要だと考えています。

人類の歴史を遡《さかのぼ》ると、そもそも私たち人類が地球上に存在していられるのもチームがあったからと言えます。

約10万年前に地球上には6種類の人種が存在しましたが、その中で生き残ったのは私たちホモ・サピエンスだけでした。ホモ・サピエンスは他の5種に比べて個体としての能力が低かったとされています。では何故、私たちホモ・サピエンスのみが生き残れたのでしょうか？

世界的なベストセラー『サピエンス全史』で著者のユヴァル・ノア・ハラリ氏は、その理由が「集団」にあったと述べています。ホモ・サピエンスは複雑な言語や空想的思考によって大きな社会集団を形成しました。そして、集団の知恵によって協力・共創することで環境に適応し、他の人種を滅ぼしながら世界中へと広がることができたというのです。

私たち人類、ホモ・サピエンスが絶滅せずに繁栄を遂げることができたのは、集団、つまりは「チーム」があったからです。

「チーム」を活用し、パフォーマンスを最大化させることは、人類の発展のために最も重要なことだと言っても決して大げさではありません。

そして、世界の中でも特に日本は「チーム」について秀でるルーツを持っています。

もともと西洋では、物事は要素に分解することで理解することができるという「要素還元主義」の考え方が発達してきました。西洋医学において、悪くなった臓器を手術で取り除くことによって病気を治すという行為にも「要素還元主義」の考え方が表れています。物事の要素、つまりは「個」に注目する考え方が西洋では重視されてきました。

一方で東洋では、物事の成否は要素と要素の関係性に左右されるという「関係性世界観」の考え方が発達してきました。東洋医学において、臓器と臓器を繋ぐ血流を漢方薬によって良くしていくことで病気にかかりにくくするという行為にも「関係性世界観」の考え方が表れています。物事と物事の関係、つまりは「個と個の繋がり」に注目する考え方が東洋では重視されてきました。

そんな東洋の中でも、日本は「関係性世界観」が深く根づいている国です。日本を表す言葉の1つに、「和」という言葉があります。「和」の語源は「和」をヘンの「禾(カ)」とツクリの「口」に分解して説明されます。「禾」は軍隊の門の前にある標識、「口」は神への誓いの言葉である祝詞《のりと》を入れる器を表し、2つ組み合わせて「軍隊の陣地内で戦を止め、神の前で平和を誓い合う」様子を表現しています。そこから**「仲良くなる」**という意味が生まれたと言われています。

日本書紀には、7世紀に聖徳太子が制定したと言われる「十七条憲法」があります。その第一条の最初に「和を以って貴しと為す」という言葉があるのです。日本最古の成文法の最初には「和」が記されていたのです。

このようなことにも見られるとおり、日本は個と個の繋がり、つまりはチームを大切にするという文化の中で歩んできた国なのです。

2016年のリオデジャネイロオリンピックにて、日本は陸上男子400メートルリレーで銀メダルを獲得しました。選手の「個」の能力だけで見ると、3位のアメリカチーム（のちに失格）よりも劣っていました。アメリカチームはすべての選手が100メートルを9秒台で走れるのに対して、日本チームには100メートルを9秒台で走れる選手が1人もいませんでした。しかし、「個」と「個」を繋ぐバトントスを徹底的に磨くことによって日本チームはアメリカチームに勝利し、銀メダルを手にすることができたのです。

日本にとって、「チーム」というのは大きな武器になるものですが、私たちはその武器を十分に活かすことができていないと感じています。

何となくチームワークが大切だと考えている人は多いと思いますが、「どうすれば良いチームをつくれるのか？」という問いに明確に答えられる人は多くありません。また、「チームワーク」というと「協調性」を重視し、言いたいことも言わず、「個」を殺すようなものとしてイメージする人すらいます。

ビジネスでは「個」の時代の到来が叫ばれています。ビジネスにおける価値の源泉は、戦後復興期には「業界」であり、高度経済成長期には「企業」でした。しかし、今後は価値の源泉が個人へとシフトしていくことは間違いありません。モノをつくるハードのビジネスからサービスを売るソフト化のビジネスが中心になったことにより、工場や設備を持たない個人が商品やサービスを生み出せるようになったからです。それに加えてネットワーク化により、企業に頼らずとも個人がメンバーを集められるようになったことも理由です。

個を磨いていくことはとても大切です。しかし日本という国がそこから更に一歩抜きんでるためには、それに加えて個と個を美しく繋ぐ「チーム」をつくる力を磨くべきだと考えています。そうすることにより、個の力も今まで以上に引き出せるはずです。

本書では普遍的な「チームの法則」を提示すると共に、今の日本社会の状況に合わせてどのように活用すべきか、というところまで踏み込んでお伝えしていきたいと思います。

チームの法則がもたらした奇跡

私は経営コンサルタントとして数多くの企業の組織変革を支援してきました。仕事を通じて沢山のチームが変わる瞬間に立ち会ってきましたが、私が最もチームの力を感じたのは、実はクライアント企業の組織変革ではありませんでした。それは、自社で自分自身が所属する組織人事コンサルティングのチームの変革を通じてだったのです。

かつて、私たちのチームは人数は10名弱でしたが、組織は崩壊し、退職も相次いでいました。そして、業績も右肩下がりで落ち続けていました。自分たちなりに、様々な手を打ちましたが空回りするばかりでした。業界の中で全く存在感がないことは勿論、会社の中でも白い目で見られるようなチームでした。

そんな時にある後輩が私に言ったのです。

「クライアントに伝えている組織変革のノウハウを、もっと僕たちのチームで実践しませんか?」

その瞬間、私はハッとしました。

恥ずかしながら、私はクライアント企業の経営者に偉そうに組織変革についてアドバイスしながら、それを自分のチームできちんと実践していなかったのです。

そこから私は企業向けの組織変革のノウハウを、より少人数の自分たちのチームに活用できる「チームの法則」に置き換え、徹底的に実践しました。


その結果、私たちのチームはどうなったか。


売上は10倍になりました。業績だけでなく、組織状態も劇的に改善され、20〜30%だった退職率が2〜3%になりました。

既存事業の組織人事コンサルティングがV字回復しただけではなく、私たちのチームが生み出した新規事業である国内初の組織改善クラウド「モチベーションクラウド」は、世の中からも大きな注目を集めました。

結果として、会社の時価総額は10倍になりました。手前味噌ながら、会社の中だけでなく業界の中でも羨望のまなざしを向けて頂けるようなチームに生まれ変わったのです。

執筆の過程で、担当編集者の幻冬舎・箕輪さんからは、「何か麻野さんならではの面白い人生経験はありませんか?」と聞かれました。

残念ながら、私個人には取りたてて面白い人生経験などというものはありません。しかし、平凡な会社員だった私にとって、「チームの法則」をもとに、自らチームに働きかけることで、突き抜けたパフォーマンスが生まれたという経験は奇跡のようでした。


私の人生で最も誇れるもの。

それはメンバーたちと一緒につくってきたチームです。

私たちのチームはどんなに高い目標でもあきらめません。

私たちのチームは誰かが苦しんでいたら、誰かが支え、助けます。

私たちのチームは自分たちが世界を変えると、全員が本気で思っています。

本書の最終章では、いかにして私たちのチームが「チームの法則」をもとに変わっていったかというストーリーをお伝えしています。「チームの法則」を読んだ上で、具体的なストーリーを知ることにより、活用のイメージを膨ませて頂けるはずです。

すべての人に『THE TEAM』を

『THE TEAM』というタイトルには、「チームの法則」の決定版を届けたいという想いと共に、読んで頂いたすべての読者の方が「あなたのチーム」をつくれますように、という願いを込めました。

チームづくりには特別な能力や経験は必要ありません。ただし、そこには確固たる法則が必要です。また「チームの法則」はリーダーのための法則ではありません。チームに関わるすべてのメンバーが理解し、実践すべき法則です。

もしもあなたが仕事が面白くない、部活が楽しくない、ゼミがうまくいっていないと愚痴をこぼすようなことがあるのであれば、まずはこの「チームの法則」を実践してみませんか？

今こそ、「チームの法則」によって、すべての日本人がチームの力を自らの手で高め、ドラマや映画の中では当たり前のように起こる「チームの奇跡」を、自らのチームで起こせるようになることを祈っています。

読む前に

『THE TEAM』の読み方

本全体の読み方

「チームの法則」はAim（目標設定）、Boarding（人員選定）、Communication（意思疎通）、Decision（意思決定）、Engagement（共感創造）の5つの法則（頭文字を取るとABCDE）から構成されています。

順番に読むとチームづくりがより体系的に理解できますが、気になる章だけ読んでも完結して読めるようになっています。

各章の読み方

第1章から第5章の各章はMethod（法則）、Episode（具体的事例）、Action checklist（チェックリスト）から構成されています。また、巻末には「チームの法則」の基になっているTheory（学術的背景）も紹介しています。

法則だけが知りたい人はMethodを、具体的事例を知りたい人はEpisodeを、自分のチームにきちんと当てはめたい人はAction checklistを、学術的背景を知りたい人は巻末のTheoryを読んで下さい。

本全体の構成

気になる章だけ読んでも
完結して読めるようになっています

- Aim（目標設定）の法則
- Boarding（人員選定）の法則
- Communication（意思疎通）の法則
- Decision（意思決定）の法則
- Engagement（共感創造）の法則

各章の構成

法則だけ知りたい →Method
具体的事例を知りたい →Episode
自分のチームに当てはめたい →Action checklist
学術的背景を知りたい →Theory

- Method（法則）
- Episode（具体的事例）
- Action checklist（チェックリスト）
- Theory（学術的背景）

各章内：Method・Episode・Action checklist
巻末：Theory

THE TEAM　5つの法則

目次

第2章 Boarding(人員選定)の法則【戦える仲間を選べ】

第3章 Communication（意思疎通）の法則【最高の空間をつくれ】——89

●Method（法則）

●Episode（具体的事例）

第4章 Decision（意思決定）の法則【進むべき道を示せ】

第1章

Aim（目標設定）の法則

［旗を立てろ！］

【Aim】

不可算名詞／ねらい、照準、見当

可算名詞／目的、志、計画

さあ、チームをつくろう。
チームに最初に必要なのは、
「目的地」だ。

Method（法則）

「共通の目的がない集団」は「チーム」ではなく「グループ」

本書で、「チームの法則」を展開していく前に、チームの定義を定めたいと思います。チームの定義を明確にするために、チームとグループを対比しながら考えてみたいと思います。

ここでは小学生が登校する場面を例に用いてみます。

何となく普段から仲の良い友達が集まって、一緒に登校するだけの集団をチームと呼べるでしょうか？　その集団においては、それぞれが自分の気分に従っておしゃべりをしたり、自分のペースで歩いたりしても決して咎《とが》められることはありません。

このような単に2人以上の人間が集まって活動するだけの集団は「グループ」と呼びます。

では、グループはどうすればチームになるのか？

チームをチームたらしめる必要条件は「共通の目的」です。

小学生の登校も、「みんなで安全に登校する」というような「共通の目的」を持って初めてチームになります。「みんなで安全に登校する」という目的があるからこそ、上級生と下級生が混ざった班をつくろう、時間通りに集合しよう、上級生は下級生に気を配ろうといったチームプレイが生じ得るのです。

チームという語は「tug（引っ張る）」が変化してteamになったと言われていますが、メンバーたちを引っ張る「共通の目的」があって初めてチームだと言えるでしょう。

本書では、「共通の目的を持った2人以上のメンバーがいる集団」をチームと呼びます。逆に言うと、「共通の目的」と「2人以上のメンバー」さえいれば、企業内の部署やプロジェクトチームだけではなく、中学や高校の部活、大学のゼミやサークル、地域のコミュニティなどすべてがチームであり、本書の「チームの法則」が活用できます。

極論を言うと、一緒に旅行に行く友人も、食事に出かける家族も、「共通の目的」があるのであれば、「チームの法則」でその活動を効果的なものに変化させることができます。

「共通の目的」はチームの必要条件であり、活動の成否を規定する、チームにとって最

〈グループとチームの違い〉

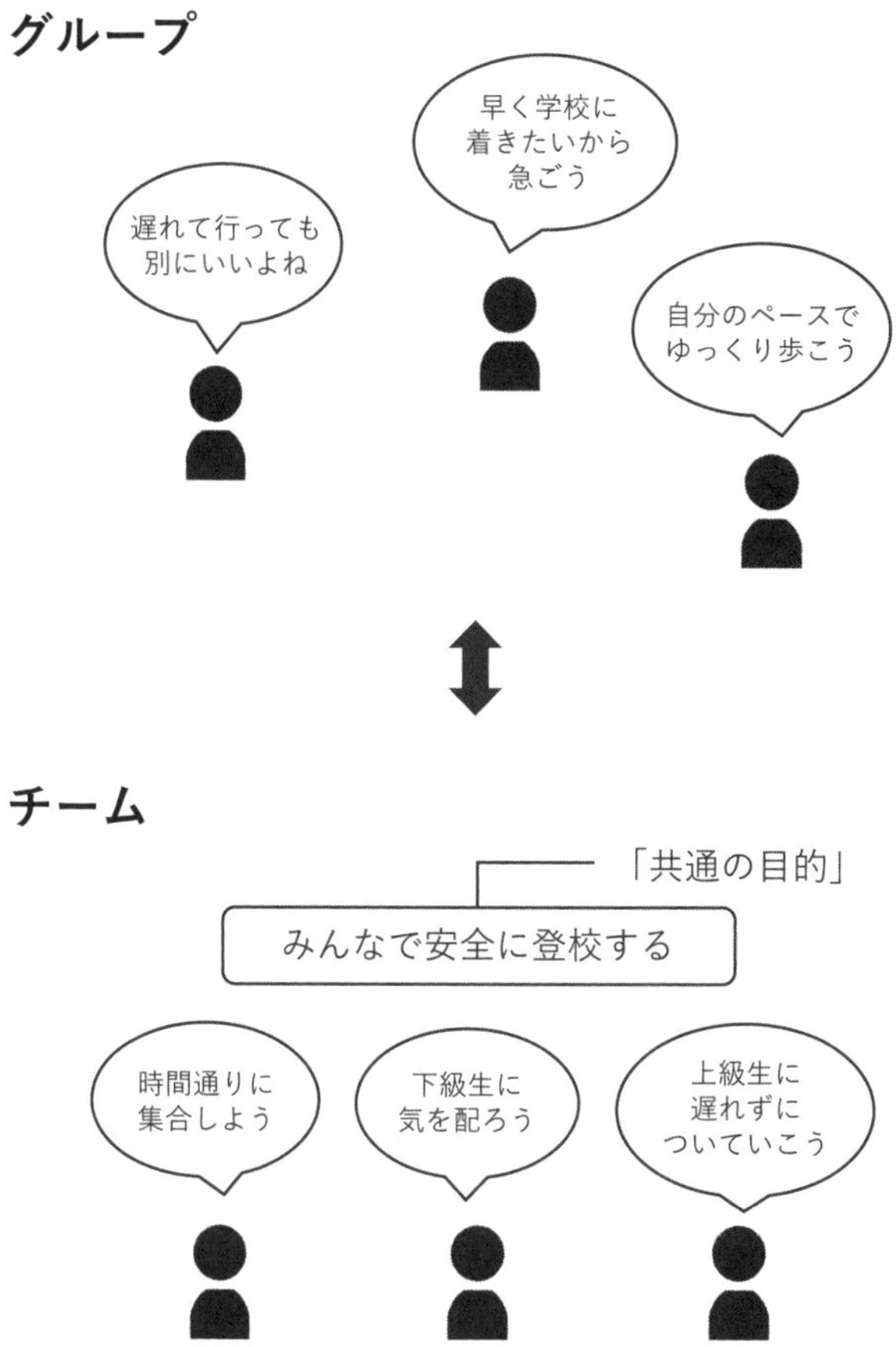

も重要なものです。Ａｉｍ（目標設定）の法則では、効果的な目的の設定方法を解き明かしていきたいと思います。

※学術的背景に興味がある人はＴｈｅｏｒｙ「チェスター・バーナード『組織の成立要件』、「スティーブン・ロビンス『チームとグループの違い』」参照。

「目標を確実に達成するのが良いチームだ」という誤解

ここで多くの人が抱いているチームに対する誤解を１つ解きたいと思います。

「目標を確実に達成するのが良いチームだ」

果たしてそうでしょうか？

ここで１つ、実験をしてみましょう。

読者の皆さまに質問をしたいと思います。

「あなたが朝起きてから、今この瞬間までに、赤いものがいくつありましたか？」

この質問にはほとんどの人が答えられないのではないでしょうか。

しかし、もしも、明日のこの時間に同じ質問に回答しなければならないと事前に分かっていたとしたら、ほとんどの人が朝から赤いものを数えて過ごし、きちんと回答できるはずです。

何故、同じように一日を過ごしているのに、皆さまは今日突然聞かれると赤いものの数を答えられず、事前に明日赤いものの数を聞かれると分かっていたら答えられるのでしょうか？

同じ視力で世の中を見ているはずなのに、赤いものが目に入ってくるようになるのは何故なのでしょうか？

それは、「目的意識」の有無によるものです。

この現象を心理学では「カラーバス効果」と言います。

人間はある目的を意識すると、その目的に関連する情報をそれまで以上に認識するようになります。

それくらい私たちの活動は目的意識に左右されるのです。

チームの活動は、チームとして掲げる目的や目標に支配されていると言っても過言ではありません。

チームとして何を目標に設定するかによって、メンバーの思考や行動は大きく変わっていきます。

その前提に立つと、

「目標を確実に達成するのが良いチームだ」

これは必ずしも間違っているわけではありませんが、それ以上に大切なことは、

「目標を適切に設定するのが良いチームだ」

ということなのです。

「どうすれば目標を達成できるか?」を考える前に、「どのような目標を設定するのか?」を定めることに、より力を注ぐべきなのです。

多くの人が、勉強においてはテストでできるだけ高い点を取る、スポーツにおいてはできるだけ高い順位を取る、という「与えられた目標を達成する競争」に小さな頃から慣れ親しんでおり、自ら目標を設定するということには不慣れです。

しかし、チームづくりにおいては、「自分たちで最適な目標を設定する」という意識を強く持つことが非常に重要です。

あなたのチームは何を目標にするのか？

ここからはチームに対して適切な目的や目標を設定するための法則を解き明かしていきたいと思います。

例えば、この『THE TEAM』という書籍も様々な人を巻き込んでチームで制作しているのですが、あなたが『THE TEAM』の制作チームの一員なら、どの目標設定が良いと思いますか？

A 「チームの法則」を、事例を交えて分かりやすく伝える本をつくる

B 10万部売る

C 日本全体のチーム力を高める

Aは行動レベルの目標設定です。行動レベルの目標設定とは、チームメンバーが具体的に取り組むべき行動の方向性を示したものです。この場合は「事例を交えて分かりやすく伝える本をつくる」という行動を起こすことそのものが目標となります。

Bは成果レベルの目標設定です。成果レベルの目標設定とは、チームとして手に入れるべき具体的な成果を示したものです。この場合は「10万部」という販売数の成果が目標になります。

Cは意義レベルの目標設定です。意義レベルの目標設定とは、最終的に実現したい抽象的な状態や影響を示したものです。この場合は「日本全体のチーム力を高める」という意義が目標になります。

この3つのタイプの目標設定にはそれぞれにメリット・デメリットがあり、一概にどれが良い、悪いとは言えません。

Aの行動レベルの目標設定には、チームメンバーが自らの取るべき行動を明確にしやすいというメリットがあります。「事例を交えて分かりやすく伝える本をつくる」という具体的な目標が提示されたメンバーたちは、世の中の成功したチームの事例について調査したり、チームの法則を分かりやすくイラストで表現してくれるイラストレーターを探したり、といった行動をすぐに起こすことができます。

逆に、Cの意義レベルの目標設定には、チームメンバーが自らの取るべき行動を明確にしにくいというデメリットがあります。「日本全体のチーム力を高める」という目標が提示されても、すぐにそのためにどんな行動を起こせばいいかを思いつくメンバーは

〈目標設定の3分類〉

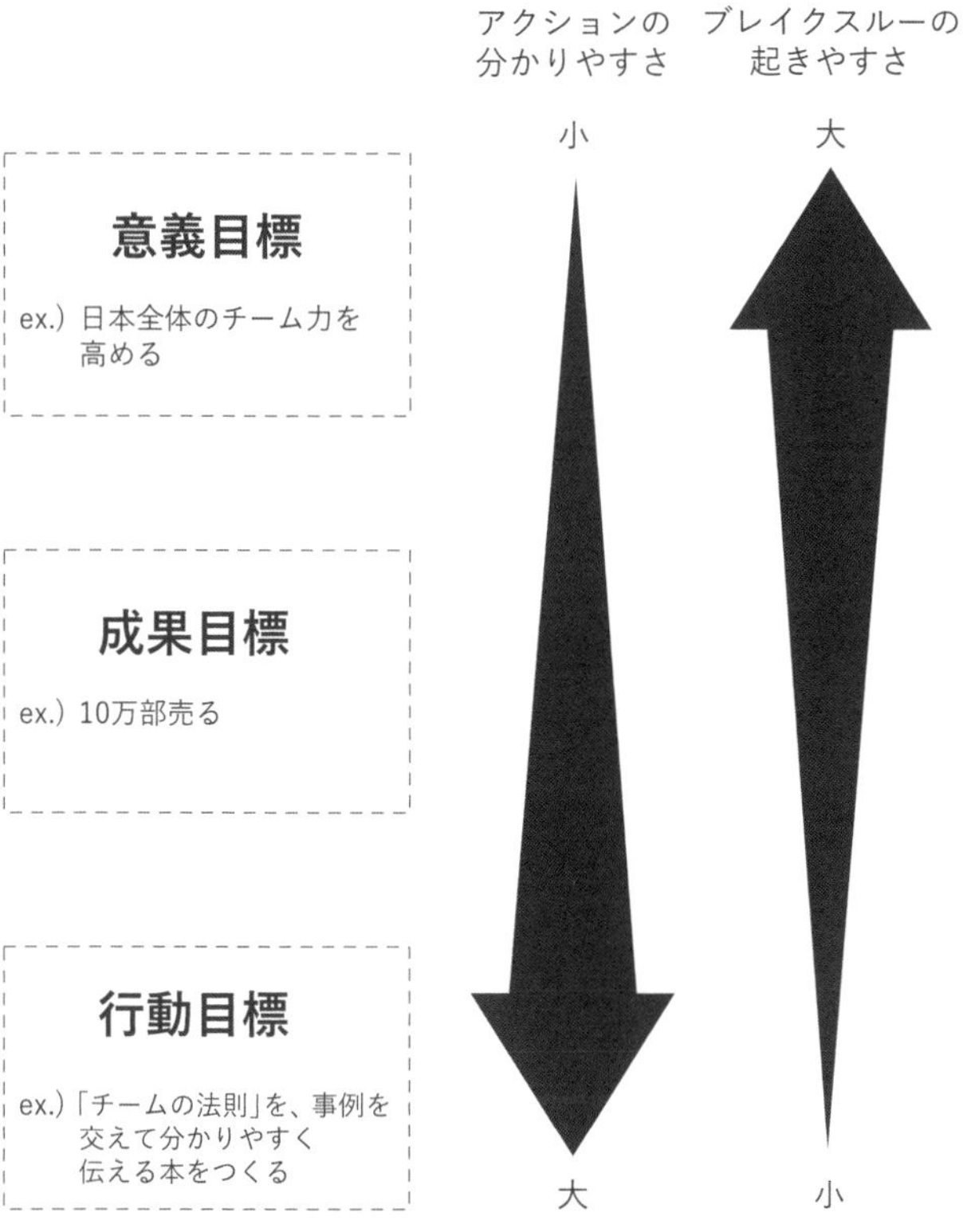
アクションの
分かりやすさ
ブレイクスルーの
起きやすさ
小
大
意義目標
ex.）日本全体のチーム力を
高める
成果目標
ex.）10万部売る
行動目標
ex.）「チームの法則」を、事例を
交えて分かりやすく
伝える本をつくる
大
小

滅多にいないでしょう。この目標設定だけでは、メンバー全員が途方にくれてしまうリスクもあります。

一方で、意義レベルの目標設定には、チームにブレイクスルーが起きやすいというメリットがあります。「日本全体のチーム力を高める」という抽象的な目標があることによって、「事例を交える」や「分かりやすく伝える」ということ以外のアイデアがメンバーから生まれる可能性があります。実際にこの本をつくる過程においても、「日本全体のチーム力を高める」という意義レベルの目標があることによって、担当編集者の箕輪さんから「じゃあ、リーダー以外の人にも役に立つ本にしましょう」「何故、今、日本にチーム力が必要なのかを『はじめに』でしっかりと伝えましょう」「誰でも覚えられるように法則の頭文字を繋げると言葉になるようにしましょう」「書籍を沢山買ってくれた人にはチームづくりの研修に参加する機会を提供しましょう」などのアイデアを出してもらうことができました。

逆に、Aの行動レベルの目標設定には、チームメンバーからブレイクスルーを起こすようなアイデアは生まれにくいというデメリットがあります。「事例を交えて分かりやすく伝える本をつくる」という目標からは、その行動目標以外のアクションは生まれにくいはずです。

Bの成果レベルの目標設定は、アクションの分かりやすさについても、ブレイクスルーの起きやすさについても、Aの行動レベルである目標設定とCの意義レベルである目標設定の中間の効果があると言えるでしょう。

3つの目標設定のうち、どれが自分のチームにとって適切かは、チームを構成するメンバーの能力レベル、思考力や行動力によって変わります。

チームメンバーが自ら考え動くことができないのであれば、行動レベルで目標設定しなければパフォーマンスには繋がりません。場合によっては行動をマニュアルレベルまで具体的に落とし込んだ上で、「何分以内にこのアクションを完了させる」というような目標設定をする必要があるでしょう。

一方で、チームメンバーが自ら考え動くことができるのであれば、意義レベルや成果レベルで目標設定した方が、パフォーマンスは生まれやすくなります。意義レベルや成果レベルの目標設定をすることで、その場その場に応じた臨機応変で柔軟な対応が生まれる可能性があるからです。

それが会社の職場であっても、職場を超えたプロジェクトであったとしても、学校の部活やサークル・ゼミであったとしても、家族や友人との旅行や飲み会であったとしても、チームとしてのパフォーマンスを最大化したいのであれば、このような3つの目標の特徴を理解した上で、自らのチームの目標設定を適切にしなければなりません。どの抽象水準で目標設定をするのか、もしくは3つすべてに関して目標設定をするのかは、メンバーの能力レベルなどを見極めた上で設定する必要があります。

※学術的背景に興味がある人はTheory「サミュエル・I・ハヤカワ『抽象のハシゴ』」参照。

意義目標がなければ作業と数字の奴隷になる

ビジネスにおける目標設定は、行動目標→成果目標→意義目標と、時代と共に重視される目標が変化してきました。

多くの企業で半年に一度、もしくは一年に一度の頻度で、社員に対して実施される目標設定と人事評価のトレンドを見れば明らかです。

かつて、日本企業では行動目標に基づく「振り返り評価」が主流でした。最も多くの人になじみ深いのは小学校の通信簿です。小学校の通信簿には「返事やあいさつをはっきりする」「身のまわりをきちんとかたづける」「友だちとなかよくする」などの行動目標が全員共通で設定されています。そして、それに対して学期ごとに振り返って、〇や

△で評価をつけていたと思います。それと同じように、社員の能力を等級というものでレベル分けしたり、役割を役職というものでレベル分けしたりした上で、それぞれの等級や役職に求められる行動を目標設定し、それに対して評価を実施してきました。

かつての高度経済成長期の日本においては、各企業におけるビジネスの勝ちパターンはさほど変化することはありませんでした。多くの企業が「安くて良いものを速くつくって届ける」という勝ちパターンに基づき、「予め定められた行動をしっかりと遂行するチーム」をつくることが大切でした。よって、行動目標が重視されたのです。

しかし、ビジネス環境の変化スピードが速くなる中で、行動目標に基づく評価だけではパフォーマンスが上がりにくくなってきます。何故ならば、一度成功した勝ちパターンが陳腐化するのが速い状況においては、チームやメンバーが取るべき行動も刻一刻と変わってくるからです。

そんな中で１９９０年代以降の日本で普及したのが成果目標に基づく「ＭＢＯ」でした。ＭＢＯはＭａｎａｇｅｍｅｎｔ Ｂｙ Ｏｂｊｅｃｔｉｖｅｓの略称です。ＭＢＯでは、チームごとの成果目標を各メンバーにブレイクダウンしていきます。成果目標はできる限り定量的に設定され、評価は期末時点の成果目標の達成度合いによって決まります。

これにより、成果を創出するためにどんな行動を取るか、というのは個人の自己責任による部分が大きくなりました。成果を創出するために必要な行動をメンバー自らが考えることにより、ビジネス環境の変化にも対応できるチームが生まれてきました。

しかし、昨今のビジネス環境の変化スピードは更に速くなってきています。企業によっては、チームで設定していた成果目標が、半年や一年の中で効果的でなくなることもあり得る時代になってきました。

そして今、普及し出しているのが意義目標に基づく「OKR」です。OKRはObjectives and Key Resultsの略称です。世界的な半導体企業であるインテルのかつてのCEO、アンディ・グローブが生み出したと言われるOKRは、シリコンバレーのインターネット企業や日本の一部のインターネット企業が導入しています。

OKRにおいては、「Key Results＝創出すべき成果」と共に、その先にある「Objectives＝実現すべき目的や意義」まで含めて目標設定します。Key Results（創出すべき成果）にはチームの成果目標を、Objectives（実現すべき目的）には成果目標の先にあるチームの意義目標を設定します。

OKRにおいて最も大切なのは「Objectives（実現すべき目的）」、つまりは意義目標であり、「Objectives（実現すべき目的／意義目標）」の実現に効果的

〈目標設定のトレンド〉

意義目標　＝　OKR

Objectives and Key Results

実現すべき目的や意義 (Objectives)	創出すべき成果 (Key Results)	実績
重点商品を通じた 事業構造の改革	新規契約　1,000万円	新規契約　900万円 達成率　90.0%
	重点商品A　販売3社	重点商品販売　2社 達成率　66.7% ＋重点商品の販売手法設計 ＋重点商品の事例資料作成

目的や意義から逆算した
行動や成果を促進する

成果目標　＝　MBO

Management By Objectives

目標 (Objectives)	実績
新規契約　1,000万円	新規契約　900万円 達成率　90.0%
重点商品A　販売3社	重点商品販売　2社 達成率　66.7%

行動目標　＝　振り返り評価

目標	実績
ミスなく業務に取り組んでいる	○
計画的に仕事が進められている	△
チームワークを大切に行動できている	○
上司に適切に報告できている	×

だと判断されれば、「Key Results（創出すべき成果／成果目標）」を変更することも可能です。

ビジネス環境の変化が激しい現代では、各チームが意義や目的に立ち返り、時に成果目標の観点や水準を見直さなければいけないのです。

チームに行動目標しか設定されていなければ、時にメンバーは「作業」の奴隷になります。チームに成果目標しか設定されていなければ、時にメンバーは「数字」の奴隷になります。しかし、多くのチームが意義目標の重要性を十分に認識していません。

意義目標を設定することによって、メンバーは自らの生むべき成果や取るべき行動について、意思を持つことができます。「何をやるべきか?」だけでなく「何故やるべきか?」が分かれば、新たな「何をやるべきか?」が見つかるからです。

例えばあなたがビールメーカーの営業チームに所属していたとします。チームの成果目標は売上1000万円です。売上1000万円という成果目標だけであれば、どの量販店や飲食店に何回訪問する、などの行動しか生まれないかもしれません。そこに自分たちで意義目標を加えて下さい。ビールの販売を通じてエンドユーザーに提供したい価値が「幸せな食事の時間を届ける」ということであれば、それをそのまま意義目標にしても良いでしょう。そうすると、量販店に対して、エンドユーザーに向けてビールの美味しい飲み方を紹介するポップ（店頭広告）をメンバーたちが提案しだすかもしれません。また、飲食店に向けてビールに合う季節の料理をメニュー化することを提案するかもしれません。

意義目標はこうしたブレイクスルーを生み出すきっかけとなるのです。

今の時代は、チームが何のために存在し、どんな影響を与えていくべきなのかという意義目標をすべてのメンバーが意識し、自発的に行動し、成果をあげるチームづくりが求められています。

Episode（具体的事例）

「新幹線お掃除の天使たち」

Aimの法則を活用する具体的なイメージを持っていただくために、事例をご紹介したいと思います。

米ハーバードビジネススクールで「7－Minute Miracle」というタイトルでケーススタディとして取り上げられる、日本企業のチーム変革事例があります。

「JR東日本テクノハートTESSEI」の新幹線清掃員のチーム変革です。

「7－Minute」＝7分間というのは、新幹線が到着してから清掃員が乗車し、掃除を始めてから終えるまでの時間のことです。たった7分の間に彼ら彼女たちが取り組むパフォーマンスがあまりにも素晴らしく、世界中から注目を集めているのです。

もともと、新幹線清掃チームにはきちんとした目標設定がされていませんでした。人によって掃除のクオリティはまちまちで、新幹線が出発する時のお辞儀はバラバラでおざなりにされていました。

彼ら彼女たちの中には、親戚や家族などの親しい人からも掃除の仕事を悪く言われ、自らの仕事に誇りを持てず、どんな仕事をしているのかを人に知られないための努力をする人もいたそうです。清掃をしていると、乗客が自分の子どもに向けて「ちゃんと勉強しないと、将来あんな仕事しかできなくなる」と注意していたというエピソードもあります。

そんな環境において、当然チームのパフォーマンスは低い状態でした。

そこで、意義目標に『新幹線劇場』のキャストとして、お客様に感謝感激を与えよう」を、成果目標に「7分でお客様に温かな思い出を持ち帰って頂く」を、行動目標に「さわやか・あんしん・あったか」を設定。海外からも注目される、日本の技術力を体現する素晴らしい1つの劇場として新幹線を見立てました。そして、清掃員はその技術を体感してもらうための重要なキャストであることをメンバーたちに伝えたのだそうです。

そうしたところ、それまで清掃を作業的にこなしていたメンバーたちの振る舞いが一変します。7分間で約1000席の清掃を22名のチームが完璧に仕上げるようになりました。新幹線を黙礼で迎える姿、ホームで乗車を待つ人々に一列になって礼をする姿、そして出発する新幹線を頭を下げて見送る姿は、見ている人に感動すら与えるようになりました。時に、その姿を見た乗客から拍手が起こることもあるほどです。

また、「新幹線劇場」を盛り上げるための様々なアイデアをメンバーたちが自主的・主体的に提案するようになりました。夏にアロハシャツや浴衣を着るアイデアや、頭に桜やハイビスカスなどの季節感溢れる髪飾りをつけるアイデアは「新幹線劇場」を盛り上げるためにスタッフが提案しました。それ以外にも、トイレの流し方の多言語表示、ほうきやちりとりなどの用具を1つに収めるバッグ、車内で用具を運ぶための台車などのアイデアを次々と現場のチームから生み出しました。

日本の新幹線システムの視察に来日したフランスの鉄道大臣が、「新幹線のシステムもほしいが、あの清掃チームこそ持って帰りたい」と語ったほどです。

意義目標や成果目標を設定することで、メンバーたちの創造性を解放し、主体性を持って取り組むチームに変貌を遂げた事例だと思います。

「サッカー日本代表南アフリカワールドカップ　ベスト16」

もう1つ、Ａｉｍの法則の具体的事例をご紹介したいと思います。

２０１０年サッカー南アフリカワールドカップ時、８年ぶりにベスト16に進出した日本代表チームの話です。

岡田武史監督が率いる日本チームは自国開催以外で初の決勝トーナメントに進出しました。

実は岡田監督は「監督に就任したワールドカップ予選時は日本チームの雰囲気は良くなかった」とインタビューで語っています。選手が積極的にボールを持とうとしていなかったり、チームが負けている時も自分は与えられた役目だけこなしていればそれで良いといった意識が蔓延していたそうです。当然ながら、そうしたチームが試合で勝利することはできませんでした。

そこで岡田監督は「日本のサッカーで史上成し遂げたことのない成績を残す」という意義目標を設定。その成果目標として「ワールドカップベスト４入り」を掲げました。

そして、それを実現するための行動目標として「６つの指針」を定めました。①「楽しんでやる（Ｅｎｊｏｙ）」②「自分でやる（Ｏｕｒ ｔｅａｍ）」③「勝つためにベストを尽くせ（Ｄｏ ｙｏｕｒ ｂｅｓｔ）」④「今目の前のことに集中せよ（Ｃｏｎｃｅｎｔｒａｔｉｏ n)」⑤「常にチャレンジせよ（Improve）」⑥「まずは挨拶せよ（Communication）」です。

このように、新たな意義目標・成果目標・行動目標を設定したことでチームは大きく変わっていきました。

目標を落とし込むために、岡田監督は選手全員にＡ４の紙を配り、一番上に「ワールドカップベスト４」と書かせて、その次の欄に「そのためにはどういうチームになるべきか。そのチームの中で自分はどういう役割を担うべきか。そのためには1年後にどうなっているべきか。そして、毎日何をしなくてはいけないか」ということを書かせたそうです。

チーム内での会話も「そのパスでベスト４に行けるのか?」「夜、お酒を飲んでいてベスト４に行けるのか?」「すぐに痛い痛いと言ってグラウンドに寝転んでいてベスト４に行けるのか?」など、目標を意識したものに変わっていきました。

それまで漠然と勝利を摑もうとしていたチームは、「ベスト４」という明確な目標を共有できるようになり、各々のプレイに対する意識が高まり、切磋琢磨し合うチームづくりへ繋がりました。

メンバー同士でのプレイに対する声かけや、自主的なミーティングも飛躍的に増加しました。危機的な状況でも積極的に意見を出し合えるようになり、サッカーでは相当な逆境と言える2点差の戦況を覆せるほどの成長を遂げました。ベスト4には及びませんでしたが、結果として自国開催以外で初のベスト16を達成することができたのです。

Ａｉｍの法則でチームのパフォーマンスが最大化した結果と言えるでしょう。

Aimの法則の【まとめ】

チームのパフォーマンスは、目標設定に大きく左右されます。もしもあなたのチームが誰かから与えられた目標をただやみくもに追いかけているだけのチームなのであれば、自分たちの目標を見つめ直して下さい。適切な目標設定がなされていなければ、メンバーのあらゆる努力が無に帰すと言っても過言ではありません。

その際に大切なことは、きちんとチーム活動の意義が設定されていることです。自分たちのチームは何のために存在するのか。数字や作業を積み上げた先に何を実現したいのか。

チーム活動の意義が明確に言語化されてはじめて、メンバーたちは自主性や創造性を発揮し始めます。

意義から遡って、やるべきことややるべきでないことを自ら探し、自ら見つけるチームへと生まれ変わっていくのです。

その時、今までになかったブレイクスルーがあなたのチームにもたらされるはずです。

Action checklist

□そのチームの活動の意義が明確になっているか？

□そのチームの創出すべき成果が明確になっているか？

□そのチームは推奨している行動が明確になっているか？

□そのチームでは活動の意義と創出すべき成果、推奨している行動が適切に接続されているか？

□あなたはそのチームが活動する意義、創出すべき成果、推奨されている行動を日常的に意識できているか？

第2章

Boarding（人員選定）の法則

［戦える仲間を選べ］

【Boarding】

不可算名詞／搭乗、乗船、乗車

チームの「目的地」が決まれば、
次に決めるのは「乗組員」だ。
「何をやるか」と同時に、
「誰とやるか」がチームの成否を左右する。

Method（法則）

チームで最も大切なメンバー選びとメンバー替え

世界的にベストセラーとなった『ビジョナリー・カンパニー2』において、著者のジム・コリンズは「誰をバスに乗せるか」が企業経営にとって最も大切なことであり、「最初に人を選び、その後に目標を選ぶ」べきであると説きました。

私が働いているリンクアンドモチベーションの創業者で代表の小笹芳央も「採用はYシャツの第一ボタンだ。Yシャツの第一ボタンがきちんととめられたとしても、他のボタンがきちんととめられる保証はない。しかし、Yシャツの第一ボタンがズレていたら、どれだけ頑張っても他のボタンがきちんととめられることはない。それと同じで、採用がうまくいったからといって組織がうまくいくとは限らないが、採用の失敗は他のどんな施策でも挽回することはできない」と説きます。

企業にとって採用が重要なのと同じように、チームにとってもメンバー選びは非常に重要です。メンバー選びはチームで活動するすべての人に関わるアクションです。

職場のメンバーは会社が採用・配属した人で構成されていたとしても、プロジェクトメンバーに職場内の誰を選ぶのかは常に問われます。また、職場内で業務が完結しない場合は、他社に発注して仕事を進めると思いますが、その際にどのようなメンバーがいる企業に依頼するかというのもチームメンバー選びにあたります。学校の部活やサークル、ゼミでもメンバー選びは発生しますし、家族や友人で旅行に行くのも、地域のコミュニティ活動も、すべてメンバー選びが必要になります。

また、メンバー選びという意味では、「誰をバスに乗せるか」と同時に、「誰をバスから降ろすのか」も重要です。チームの状況が変わる中で、特定のメンバーにはチームを離れてもらった方が、チームにとっても、そのメンバーにとっても良いという場合があります。

「メンバー選び」はチームの成否を左右する重要なアクションですが、Boarding（人員選定）の法則では、「誰をバスに乗せ、どのように降ろすのか」について効果的な方法を解き明かしていきたいと思います。

チームは必ず4つのタイプに当てはまる

Boardingの法則、メンバー選びの話をする前に、すべての「チームの法則」に共通する大切な前提を共有したいと思います。

その前提を共有するために、多くの人が抱きがちなチームに対する誤解を紹介したいと思います。

「チームづくりには絶対解がある」

どこかに「これさえやればうまくいく」というチームづくりに関する「正解」があるという誤解です。

しかし、チームづくりに唯一絶対の正解はありません。

何故ならば、チームが発揮すべき機能というのは、チームが置かれている環境や、チームが取り組む活動によって変わってくるからです。

本書『THE TEAM』の特徴は、特定のアプローチを絶対解として押しつけるのではなく、読者の皆さまが自分たちのチームに合ったアプローチを思考し、選択できるようになっていることです。

ここでは、読者の皆さまに自らのチームに合ったアプローチに取り組んで頂くために、チームを4つのタイプに分けたいと思います。

この分類は本書のいくつかの章、法則でも活用しているので、是非イメージをつかんで頂きたいと思います。

チームのタイプを分類する1つ目の軸は「環境の変化度合い」です。「環境の変化度合い」が大きい、小さいで分類します。

そして、2つ目の軸は「人材の連携度合い」です。「人材の連携度合い」が大きい、小さいで分類します。

この2軸の掛け算で4つのタイプのチームに分類できます。

皆さまにイメージを持って頂くために、スポーツチームにあてはめて説明したいと思います。

〈チームの4タイプ〉

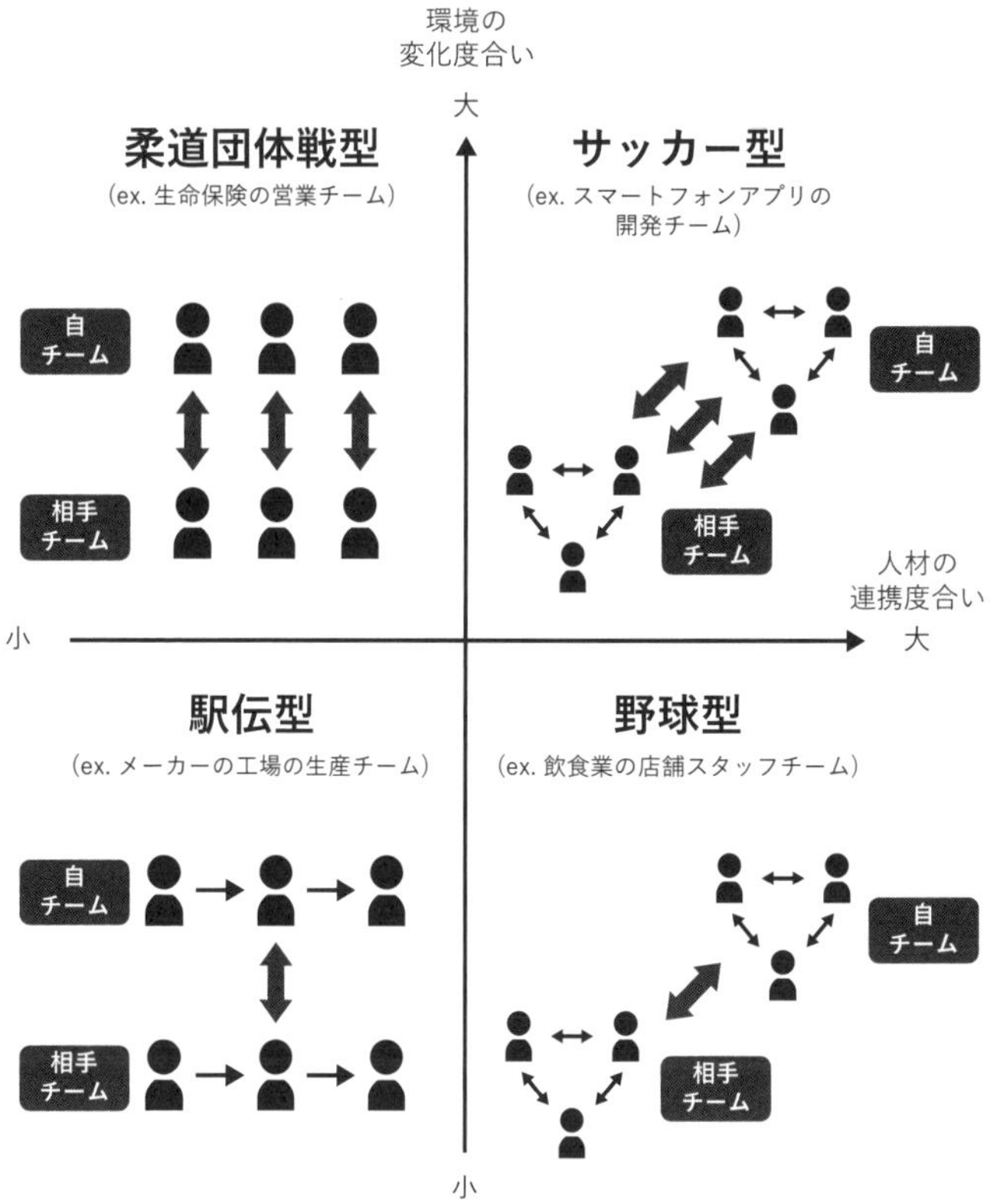
環境の
変化度合い
大
柔道団体戦型
(ex. 生命保険の営業チーム)
自
チーム
相手
チーム
サッカー型
(ex. スマートフォンアプリの
開発チーム)
自
チーム
相手
チーム
人材の
連携度合い
小
大
駅伝型
(ex. メーカーの工場の生産チーム)
自
チーム
相手
チーム
野球型
(ex. 飲食業の店舗スタッフチーム)
自
チーム
相手
チーム
小

スポーツチームにとっての「環境の変化度合い」とは主には「相手チームの作戦や行動が自チームにどれくらい影響するか?」です。

分かりやすい観点としては、相手チームの選手と体が接触するスポーツは「環境の変化度合い」が大きい、接触が少ないスポーツは「環境の変化度合い」が小さいと捉えてよいでしょう。体の接触が多ければ、刻一刻と変わる相手の動き、つまりは環境変化に合わせて自分たちの動きを変えなければいけません。逆に体の接触が少なければ相手の動き、つまりは環境変化を気にする必要はあまりありません。

柔道団体戦やサッカーは他チームの選手と体の接触が多いので、「環境の変化度合い」が大きいと言えます。そして、駅伝と野球は他チームの選手と体の接触が少ないので、「環境の変化度合い」が小さいと言えます。

スポーツチームにとっての「人材の連携度合い」とは主には「同じチームの選手同士の連携がどれくらい必要か?」です。

分かりやすい観点としては、同じチームの選手と同じ時間に一緒に競技するスポーツは「人材の連携度合い」が大きい、同じ時間に一緒に競技しないスポーツは「人材の連携度合い」が小さいと捉えてよいでしょう。

例えば、サッカーと野球は同じチームの選手と同じ時間に一緒に競技するので、「人材の連携度合い」が大きいと言えます。そして、柔道団体戦と駅伝は同じチームの選手と同じ時間に一緒に競技しないので、「人材の連携度合い」が小さいと言えます。

「環境の変化度合い」と「人材の連携度合い」という2つの軸による分類を組み合わせて、「環境の変化度合い　小」×「人材の連携度合い　小」を駅伝型チーム、「環境の変化度合い　大」×「人材の連携度合い　小」を柔道団体戦型チーム、「環境の変化度合い　小」×「人材の連携度合い　大」を野球型チーム、「環境の変化度合い　大」×「人材の連携度合い　大」をサッカー型チームと定めます。

読者の皆さまが自分たちのチームを分類しやすいように、チームの4つのタイプをビジネスにあてはめて考えてみたいと思います。

駅伝型（環境の変化度合い　小×人材の連携度合い　小）は例えばメーカーの工場の生産チームなどがあげられるでしょうか。メーカーの工場では中長期的な視点で生産計画が立てられることが多く、短期的に状況がコロコロ変わることはあまりありません。環境の変化度合いは小さいチームと言えるでしょう。また、ベルトコンベアーで流れてくる部品を組み立てていくような仕事は、「誰が、どの工程を担当するのか」が非常に明確で、隣のスタッフと密にコミュニケーションを取らなくてもスムーズに業務を進めることができます。人材の連携度合いは小さいチームと言えます。

柔道の団体戦型（環境の変化度合い　大×人材の連携度合い　小）は例えば生命保険の営業チームなどがあげられます。生命保険の営業では老若男女、多種多様な顧客に合わせて、数週間の中で訪問、提案、契約までのサイクルを柔軟に回していく必要があり、環境の変化度合いは大きいチームと言えるでしょう。一方、顧客への訪問から提案、契約に至るまでを1人の営業パーソンが完結させることが多く、人材の連携度合いは小さいチームと言えるでしょう。

野球型（環境の変化度合い　小×人材の連携度合い　大）は例えば飲食業の店舗スタッフチームなどがあげられます。店舗をつくるには一定以上の時間がかかりますので、昨日今日で店舗の立地や内装がガラッと変わることはあまりありません。環境の変化度合いは小さいチームと言えるでしょう。店舗の中ではキッチンからホール、レジに至るまでが一体となることで初めてサービスを提供できます。人材の連携度合いは大きいチームだと言えます。

サッカー型（環境の変化度合い　大×人材の連携度合い　大）は例えばスマホアプリの開発チームなどがあげられます。スマホアプリはランキングが刻一刻と変わる非常に変化の速いビジネスであり、環境の変化度合いは大きいチームと言えるでしょう。また、プロダクトマネジャー、デザイナー、エンジニアが密に連携し、議論しながら開発を進めていく必要があり、人材の連携度合いは大きいチームだと言えます。

かつての日本企業は組織づくりにおいては、「新卒一括採用・年功序列・終身雇用」というどんな企業にも合う絶対解を持っていました。高度経済成長の中で、どの企業も右肩上がりの成長をしていた時には、それは絶対解であり得ました。しかし、高度経済成長が終わった今、一社一社が自分たちの状況に合った組織づくりをしなければいけません。

チームづくりも同様で、自分たちのチームに合わせたアプローチを選択していくことが重要です。

「チームには絶対解がある」
ではなく、

「チームには最適解がある」

という前提のもと、それぞれのタイプに合わせて、どのようにメンバー選びをすべきなのかを論じていきたいと思います。

ここからは、自分のチームがどのタイプに近いのかをイメージした上でお読み下さい。「チームの法則」をより深くご理解頂けるはずです。

※学術的背景に興味がある人はTheory「バーンズ&ストーカー『コンティンジェンシー理論』」参照。

人が入れ替わるチームは本当に駄目なのか?

チームに対して多くの人が持っている誤解の1つに、

「メンバーが入れ替わらないチームが良いチームだ」

というものがあります。

折角集めたチームメンバーがチームを離れることに対してネガティブに感じる人は非常に多いです。

しかし、果たして本当にメンバーがチームを離れたり、チームのメンバーが入れ替わることは良くないことでしょうか?


それはそのチームのタイプによって異なります。

先程ご紹介したチームのタイプ分類に基づいて解き明かしてみたいと思います。

チームでメンバーを選ぶ際に考えなければいけないのは、「入口にこだわった方が良いのか?」「出口にこだわった方が良いのか?」ということです。入口とはチームにメンバーが加わってもらうタイミングでの人選であり、出口とはチームからメンバーが離れるタイミングでの人選です。


実は先程ご紹介したチームのタイプ分類の軸である「環境の変化度合い」によってチームのメンバー選びは入口と出口のどちらにこだわった方が良いかが変わります。

「環境の変化度合い」が小さければ、メンバー選びは入口にこだわった方が良いです。

何故ならば、環境の変化度合いが小さいということは、状況に応じてメンバーを入れ替える必要がないからです。であれば、入口でメンバーをじっくりと厳選し、長期間にわたって固定的なメンバーで活動する方がチーム全体のパフォーマンスが高まりやすくなります。

環境の変化度合いが相対的に小さいスポーツとして野球を取り上げました。野球は、他の競技と比べて、他チームの選手と体が接触することが少ないスポーツです。ホームベースでのクロスプレイなど、一部の場面に限定されます。勿論、相手チームの投げたボールを打つ、そしてそのボールを相手チームがとるという競技ですので、相手チームの作戦や行動に影響は受けます。しかし、直接的に相手チームと体が接触する柔道やサッカーに比べると、その度合いは小さいと考えられます。

かつて日本のプロ野球では巨人がV９（１９６５年から１９７３年の９年連続日本一）を果たしました。V９時代のレギュラー、特に野手の入れ替えはほとんどありませんでした。V９の最初の年（１９６５年）と最終年（１９７３年）で巨人のレギュラーはたったの４人しか変更されていません。

環境の変化度合いが小さい状況においては、入口で厳選したメンバーで長期間にわたって固定的に活動する方が良いことを表すエピソードなのではないかと思います。

一方で、「環境の変化度合い」が大きければ、メンバー選びは出口にこだわった方が良いです。何故ならば、環境の変化度合いが大きいということは、状況に応じてメンバーを入れ替えていく必要があるからです。入口のハードルを多少下げた上で、その都度パフォーマンスをあげるメンバーに残ってもらい、そうでないメンバーに去ってもらう形でメンバーを構成していった方がチーム全体のパフォーマンスは高まりやすくなります。

環境の変化度合いが大きいスポーツとしてサッカーを取り上げました。サッカーは、他の競技と比べて、他チームの選手と体が接触することが多いスポーツです。刻一刻と変わる相手チームの動きに合わせて、チームで対応していかなければなりません。

サッカー日本代表はワールドカップの予選と本戦では大きく戦い方を変えると共に、メンバーをガラッと入れ替えることもあります。これはワールドカップの予選と本戦では戦う相手チームの特徴が全く異なり、それに合わせてチームの作戦やメンバーを替えた方が勝率が高まるからです。

環境の変化度合いが大きい状況においては、入口のハードルを下げて、状況に応じてメンバーを入れ替えた方が良いというエピソードなのではないかと思います。

「メンバーが入れ替わるチーム」というのに良いイメージを持たない人も多いと思いま

すが、環境変化のスピードが速い状況においては、チームのメンバーに一定の新陳代謝が必要です。「メンバーが入れ替わるチーム」は必ずしも悪いチームではないと言えるでしょう。

入口も出口もハードルをあげて固定的なメンバーでチームづくりするか、入口も出口もハードルを下げて流動的なメンバーでチームづくりするか、実際にはこれは0か100かではなく、どちらをどの程度重視するかというグラデーションの問題です。

もしもあなたのチームが入口にこだわるのであれば、選考過程における面接の回数を増やす、合格率を下げるなどで厳選採用する必要があります。

もしもあなたのチームが出口にこだわるのであれば、長期ではなく短期の雇用契約を結ぶ、時に厳しい評価をつけるなどの人事考課をする必要があります。

自分たちのチームが置かれた状況に合わせて、メンバーが固定的であることと流動的であることのどちらをどれくらい重視するか。そのことを意識しながらチームづくりをすることで、効果的なメンバー選びができるはずです。

「メンバーが入れ替わらないチームが良いチームだ」

これが必ずしも間違っているわけではありませんが、状況によっては、

「メンバーが入れ替わるチームが良いチームだ」

〈チームの流動性と固定性〉

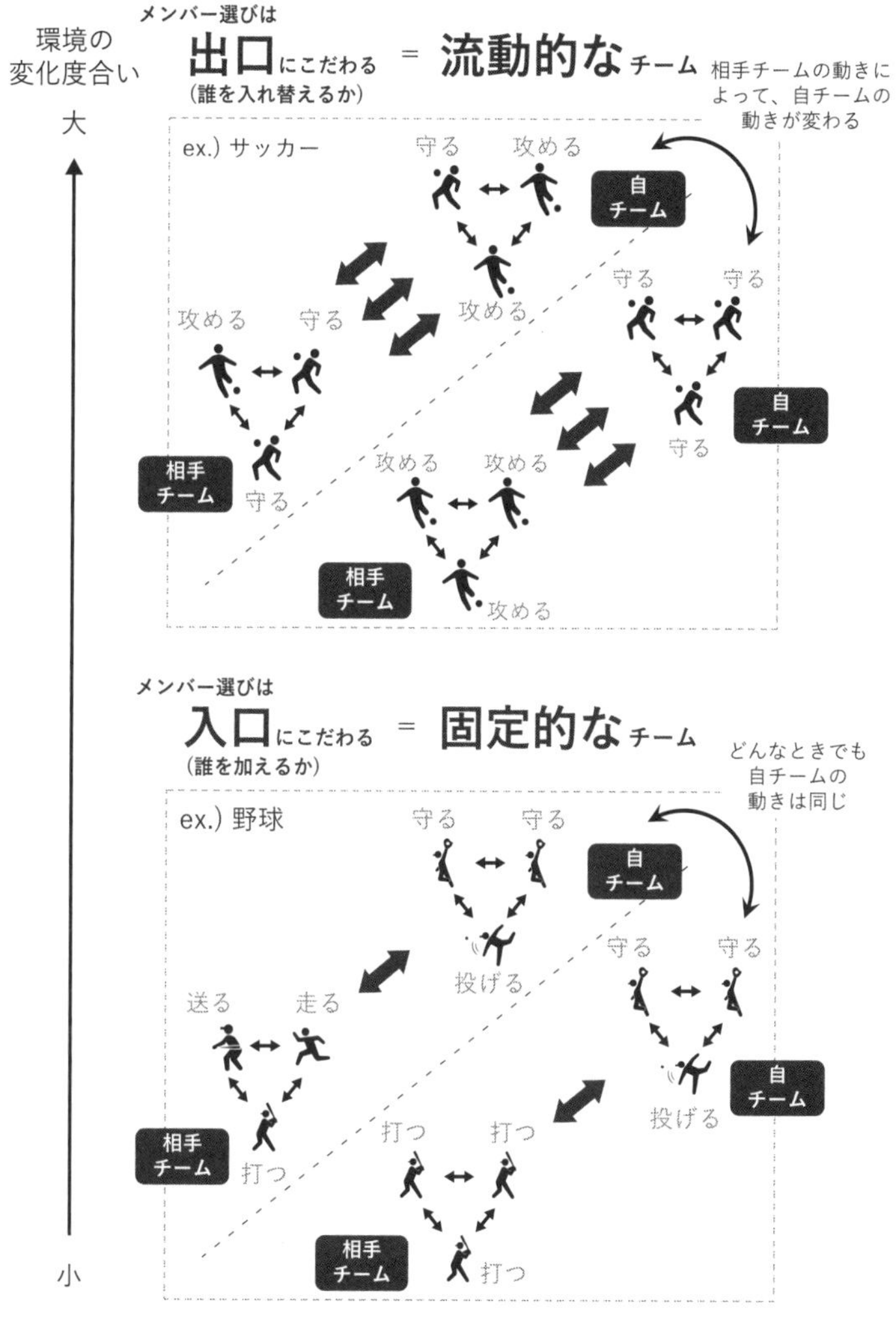

とも言えるでしょう。

特に日本企業は新卒一括採用・終身雇用というシステムで、固定化された組織をつくってきたためか、チームのメンバーが入れ替わっていくことに抵抗感がある人が多いように感じます。しかし、置かれている状況次第では、メンバーが固定的なチームよりも流動的なチームの方が環境適応しやすいことを知っておくべきです。

チームには多様性が必要だという誤解

「多様なメンバーがいるチームが良いチームだ」

という考えは多くの人が持っていると思います。

「ひとりひとりの個性を大切にしよう」というのはよく言われることです。しかし、果たして本当にチームには違ったタイプの個性的なメンバーたちを集める必要があるのでしょうか？

チームでメンバーを選ぶ際に考えなければいけないのは、「似たタイプの能力を持ったメンバーを集めた方が良いのか？」「異なるタイプの能力を持ったメンバーを集めた方が良いのか？」ということです。

「人材の連携度合い」が小さければ、似たタイプの能力を持ったメンバーを集めた方が良いです。何故ならば、人材の連携度合いが小さいということは、ひとつひとつの活動をひとりひとりのメンバーが自己完結して取り組むということであり、その活動に最適化された同じような能力を持ったメンバーを揃えた方がチーム全体の成果の総和が大きくなるからです。

人材の連携度合いが小さいスポーツとして柔道の団体戦を取り上げました。柔道の団体戦は、敵と戦って投げ飛ばすという活動を個人で完結して取り組みます。攻めも守りも決して誰かと役割分担することなく、1人ですべてを担います。

このような活動では、攻めも守りもできる同じような能力を持った強い選手を揃えることが有効です。個人として金メダルを獲得した谷亮子選手が5人いれば、確実に団体戦で金メダルを取れるはずです。

同じように人材の連携度合いが小さいスポーツとして取り上げた駅伝においても、一番タイムの速い選手をコピーして何人も揃えることができれば勝つ可能性が高まります。

人材の連携度合いが小さい活動においては、似たようなタイプの能力を持った人材を集めた方が良いということが分かる事例です。

一方で、「人材の連携度合い」が大きければ、異なるタイプの能力を持ったメンバーを集めた方が良いです。人材の連携度合いが大きいということは、1つの活動を複数のメンバーで分担して取り組むということです。ひとりひとりに分担された活動内容によって求められる能力は異なります。その場合は、異なるタイプの能力を持ったメンバーが割り振られた活動に合わせて、それぞれの特徴を活かした方がチーム全体の成果の総和が大きくなるからです。

人材の連携度合いが大きいスポーツとしてサッカーを取り上げました。サッカーはボールを相手のゴールに蹴り入れるという行為を、メンバー全員で分担して取り組む活動です。

具体的には、ボールを相手のゴールに蹴り入れるという行為を、相手のシュートを防ぐ人（ディフェンダー）、ボールを運ぶ人（ミッドフィルダー）、ボールを相手のゴールに蹴り入れる人（フォワード）というように分担しています。それぞれが自分の担当している領域に対して効果的に活動をして、その活動を連携させることで成果に繋がります。

このような活動においては、同じチームでもフォワードとディフェンダーで全く異なる能力が求められます。FCバルセロナのリオネル・メッシ選手は世界最高のサッカー選手と言われています。しかし、メッシがどれだけ素晴らしいサッカー選手であったとしても、メッシが11人いるチームはプロサッカーの世界では勝ち抜くことができないことは明らかです。

サッカーと同じように人材の連携度合いが大きいスポーツとして取り上げた野球においても、ピッチャーとキャッチャーでは全く異なる能力が求められます。

人材の連携度合いが大きい活動においては、異なるタイプの能力を持った人材を集めた方が良いということが分かる例です。

似たようなタイプの能力を持ったメンバーでチームづくりをするか、異なるタイプの能力を持ったメンバーでチームづくりをするか、これも０か１００かではなく、グラデーションです。

自分たちのチームが置かれた状況に合わせて、メンバーは均質的であるべきなのか、メンバーに多様性を持たせるべきなのか、どちらをどの程度重視するかということを意識しながらチームづくりをすることで効果的なメンバー選びができるはずです。

「多様なメンバーがいるチームが良いチームだ」

これが必ずしも間違っているわけではありませんが、状況によっては、

「均質なメンバーがいるチームが良いチームだ」

とも言えるでしょう。

特に、昨今は多くの日本企業でダイバーシティ（多様性）の重要性が叫ばれているので、とにかくチームには多様なメンバーを集めた方が良いと考えられがちですが、チームの活動によっては多様性をあまり必要としない場合もあります。また、多様性が必要な場合も無条件に様々な能力のメンバーをチームに受け入れるべきではなく、チームの活動に合わせたメンバーを集めることが大切だと言えます。

もしも、あなたのチームが知らず知らずのうちに、多様性のあるメンバーを集めすぎていたり、均質的なメンバーを集めすぎていたりするのであれば、一度採用基準を見直してみて下さい。

〈チームの均質性と多様性〉

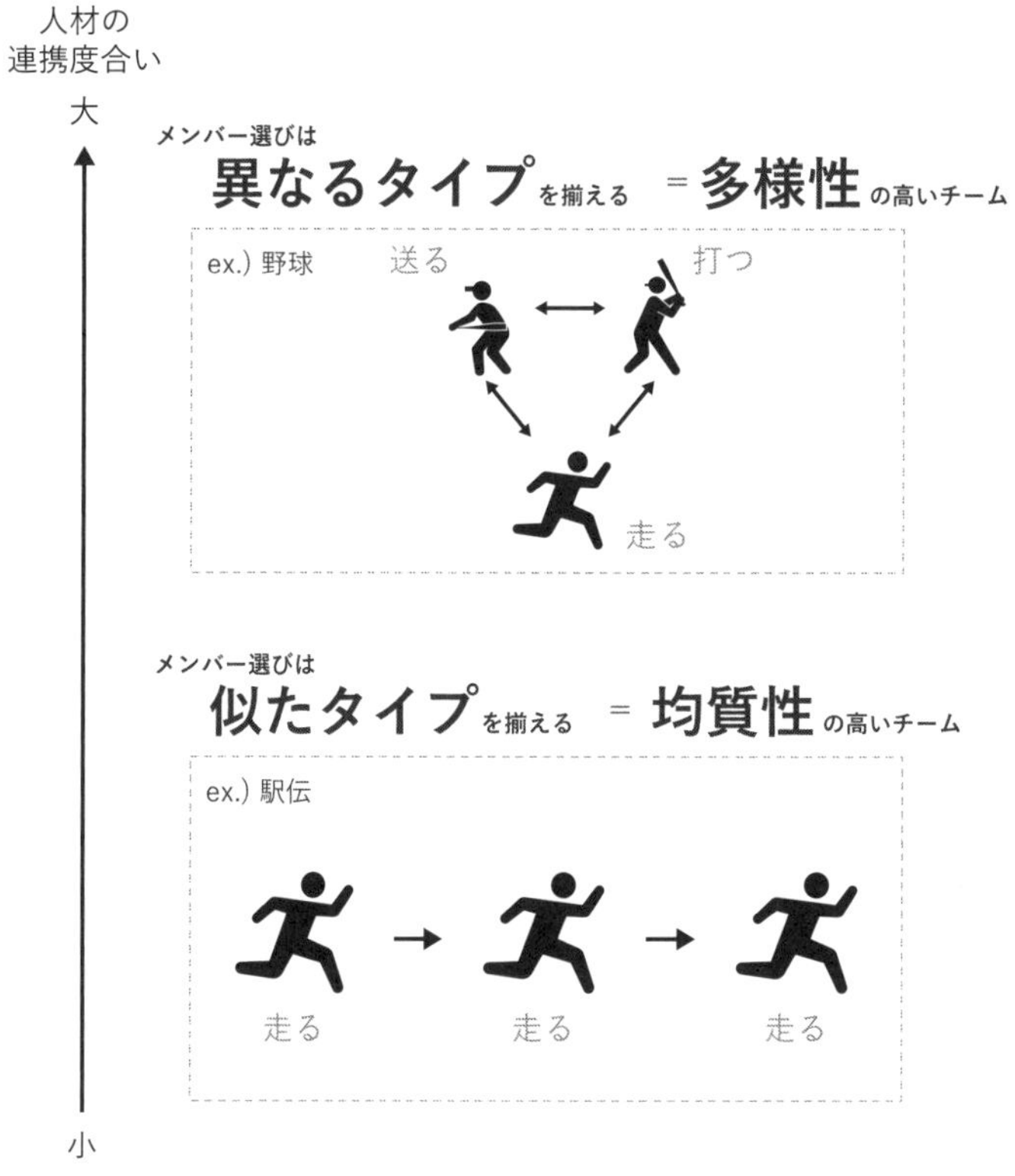

「ゴッドファーザー」より「オーシャンズ11」型のチームが強い

日本では駅伝型のチームが多かったのですが、今はサッカー型のチームが増えてきています。

かつてこの国の産業の中心は第二次産業、製造業でした。しかし、現在はGDPの75%以上を第三次産業、サービス業が占めるようになりました。ビジネスにおける価値の源泉はハードからソフトへと移り変わっていっています。製造業の代表格であるトヨタ自動車が自動車会社からモビリティカンパニーへの変革を謳うなど、製造業自体もソフト化、サービス化が進んでいます。

ハードのビジネスは駅伝のように、開発、製造、物流、販売といったビジネスプロセスが明確に分類され、上流工程から下流工程へと不可逆に進んでいきます。メーカーの工場で製造部門と販売部門のメンバーが日常的にコミュニケーションを取る機会はほとんどないでしょう。

一方でソフトのビジネスはサッカーのように、開発と製造、物流と販売が一体となって同じチームの中で時に順番を入れ替えながら、密接に絡み合って展開されるケースが多いです。スマホアプリの開発現場では毎日のようにプロダクトマネジャーとエンジニアがコミュニケーションを取っているはずです。

駅伝型のハードビジネスの場合は、1つのチームの中に均質な人材を揃えていても良いのですが、サッカー型のソフトビジネスの場合は、1つのチームの中に多様な人材を集める必要が生じます。

ビジネスにおける環境変化のスピードは日に日に速くなっています。かつては一度商品がヒットすれば数年間、場合によっては数十年間売れ続ける時代もありました。しかし、今は一度ヒットした商品が翌年に全く売れなくなることもあり、ビジネスの短サイクル化は激しさを増しています。

駅伝型のような環境変化が小さいビジネスの場合は、同じチームメンバーでずっと活動しても良いのですが、サッカー型のような環境変化が大きいビジネスの場合は、時にチームメンバーを入れ替えながら活動していく必要があります。

このように、ビジネスのソフト化や短サイクル化によって、日本の多くのチームが駅伝型ではなくサッカー型の活動を求められるようになってきました。それは即ち、チー

〈人員選定のトレンド〉

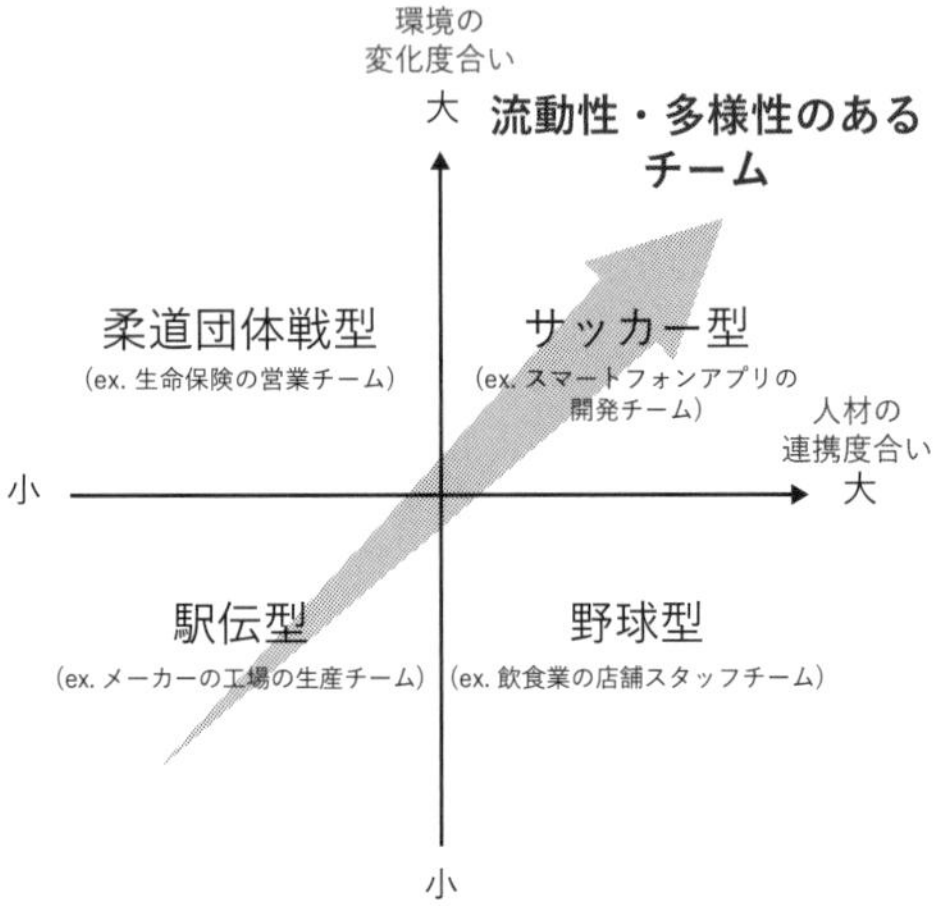

ムに画一的なメンバーを揃えるのではなく多様なメンバーを集めること、チームのメンバーを固定化するのではなく流動化することが求められるようになっているということです。

「ダイバーシティ」の必要性が叫ばれることが増えてきましたが、それもこのような文脈から捉えれば、時代がチームに求めているものを象徴しているととらえることができるでしょう。

日本企業は長らく新卒一括採用・終身雇用・年功序列というシステムで組織運営に取り組んできました。

結果として、その組織の中にあるチームは、非常に画一的で固定的なメンバーで構成されています。日本の経団連の幹部が全員「新卒、男性、正社員」で占められているのはその象徴だと言えるでしょう。

それは映画に例えるならば、「ゴッドファーザー」のようなチームと言えるかもしれません。「ゴッドファーザー」に出てくるマフィアはそこから抜けることが禁じられている固定的なチームです。また全員がボスに忠誠を誓う黒服の男性です。それぞれのメンバーの個性を聞かれても答えに詰まる画一的なチームです。

そのようなチーム運営に慣れてしまった結果、もしかしたら、日本の多くのチームに無意識のうちに「長年一緒にいる似た者同士で固まってしまう」という習性がついてしまったのかもしれません。

チームが取り組む活動や置かれている状況によっても異なりますが、今は「ゴッドファーザー」ではなく映画「オーシャンズ11」のようなチームが求められるようになってきたのではないでしょうか。

「オーシャンズ11」ではプロジェクトの度にメンバーが招集されます。また、一芸に秀でたメンバーの個性を組み合わせ、活かすことにより、チームとしてのパフォーマンスを生み出していきます。そして、プロジェクトが終了すると解散する。まさに、流動性と多様性のあるチームです。

日本人は「島国根性」や「ムラ社会」といった言葉に代表されるように、閉鎖的な空間の中で、流動性や多様性がほとんどないチームづくりに慣れ親しんできました。

しかし、今の時代は、チームの活動に合わせて必要な流動性や多様性をチームの中に取り込んでいく意識をすべてのメンバーが持つことが求められています。

Episode(具体的事例)

「AKB48のCD売上枚数記録 女性アーティスト歴代1位」

Boardingの法則についても、具体的な事例をご紹介したいと思います。

2012年にそれまで女性グループとしてCD総売上枚数歴代1位だったSPEEDの1954万6000枚を抜いて、AKB48が女性グループの歴代1位に立ちました。その後もAKB48はCD総売上枚数を伸ばし続け、2018年には女性アーティストとしてはぶっちぎりの1位である5000万枚を突破しました。

AKB48がこれほどまでにCD売上枚数を伸ばすことができたのは、ファンとの関係づくりやCDの販売方法など様々なことが理由としてあげられると思いますが、私はその理由の1つにメンバーの「流動性」があると考えています。

それまでのアイドルに流動性というものはほぼ存在しませんでした。デビューした時のメンバーでずっと活動を続けるのが前提です。時々メンバーの脱退によって人数が減ることはあっても、メンバーが入れ替わるということはほとんどありませんでした。

SPEEDは歌もダンスもうまい素晴らしいメンバーたちが揃っていましたが、メンバーの脱退意向などによって解散に至りました。活動期間3年半で、メンバーの状況変化に対応できずに解散することになりました。

AKB48は「流動性」を仕組みとして取り入れた初めてのアイドルグループだったのではないかと思っています。メンバーたちは当然のように「卒業」という形でグループを脱退していきますが、「〇期生」という形で定期的に新しいメンバーが加入する仕組みにより、脱退を補い、新陳代謝がうまく行われています。

AKB48のCD売上枚数記録は約10年間という長期間にわたって活動を維持・継続できていることにも起因します。それはメンバーに状況変化があったとしても、その流動性によって新陳代謝が起こり、対応し続けることができた結果だと言えるのではないでしょうか？

Boardingの法則の【まとめ】

「何をやるか」と同様に、いやそれ以上に、「誰とやるか」はチームのパフォーマンスに多大な影響を与えます。

もしもあなたのチームが、メンバーはすでに決まっているもので、自分たちでは変えようがないと捉えているのであれば、意識を変えて下さい。

高度に発達したネットワーク社会になり、かつ社会全体で人材の流動性が高まっている現代においては、以前よりも遥かに簡単に外部から様々なチームメンバーを自らの手で集めることができるようになりました。

チームメンバーは誰かから与えられるものではなく、自ら探し、見つけ、連れてくるもの。そんな意識を持てているかどうかでチームづくりは大きく変わります。

そして、チームメンバーを集める際に、「今、自分たちのチームにはどのようなメンバーが必要なのか？」について確固たる指針を持っているチームだけが、メンバー集めを成功させられます。自分たちの活動の特徴をきちんと理解し、チームに欠けているピースを見極めることができた時、あなたのチームに新たな可能性をもたらすメンバーとの出会いが訪れるはずです。

Action checklist

- □そのチームの活動の特徴を語れるか？
- □そのチームのメンバーには適切な多様性があるか？
- □そのチームには適切な流動性があるか？
- □あなたはチームに必要なメンバーの特徴を理解しているか？
- □あなたはチームのメンバー集めやメンバー選びに貢献しているか？

第3章

Communication
（意思疎通）
の法則

［最高の空間をつくれ］

【Communication】
不可算名詞／①連絡、伝達　②情報、メッセージ、手紙
③意思疎通、共感、感情的つながり

チームに加わった「乗組員」の力を
引き出し、活かせるか。
それはお互いに何を伝え、
どのように繋がるかで決まる。

Method（法則）

実はチームのコミュニケーションは少ない方が良い

チームのゴールが定まり、メンバーを選んだら、次はゴールに到達するためにメンバー同士が効果的に連携していく必要があります。

ここで多くの人が抱く誤解があります。

「チームにはコミュニケーションが多ければ多い方が良い」

メンバー同士が効果的に連携して活動するために、どんなチームでもメンバー同士がコミュニケーションをする必要があります。

しかし、果たしてコミュニケーションは多ければ多いほど良いのでしょうか？

例えば、学校の部活を例に考えてみましょう。

あなたがバレーボール部の一員だったとします。

メンバー同士の連携をすべてコミュニケーションで担保しようとするとどうなるでしょうか？

明日の練習を何時からスタートさせるかを毎日決めて毎日メンバー全員に伝えなければなりません。また、練習ではアップを何分するのか、パスを何分するのか、スパイク・レシーブ・サーブそれぞれにどれくらいの時間を割くのか、それも毎日話し合わなければなりません。

それでは、あまりにコミュニケーションコストがかかりすぎてしまうことを分かって頂けるかと思います。

では、どうすればコミュニケーションコストを低減させることができるでしょうか。

そのために有効なアプローチが「ルールづくり」です。

毎日の練習の開始時間、練習における時間配分などを事前にルールとして定めておくことでコミュニケーションの複雑性を劇的に低減させることができます。

メンバー同士の連携を効率的・効果的にするために、どんなチームでも一定のルールを定めることが必要なのです。

では、一方であらゆることに事細かにルールを定めていくとメンバー同士の連携の効

〈ルールとコミュニケーションの関係〉

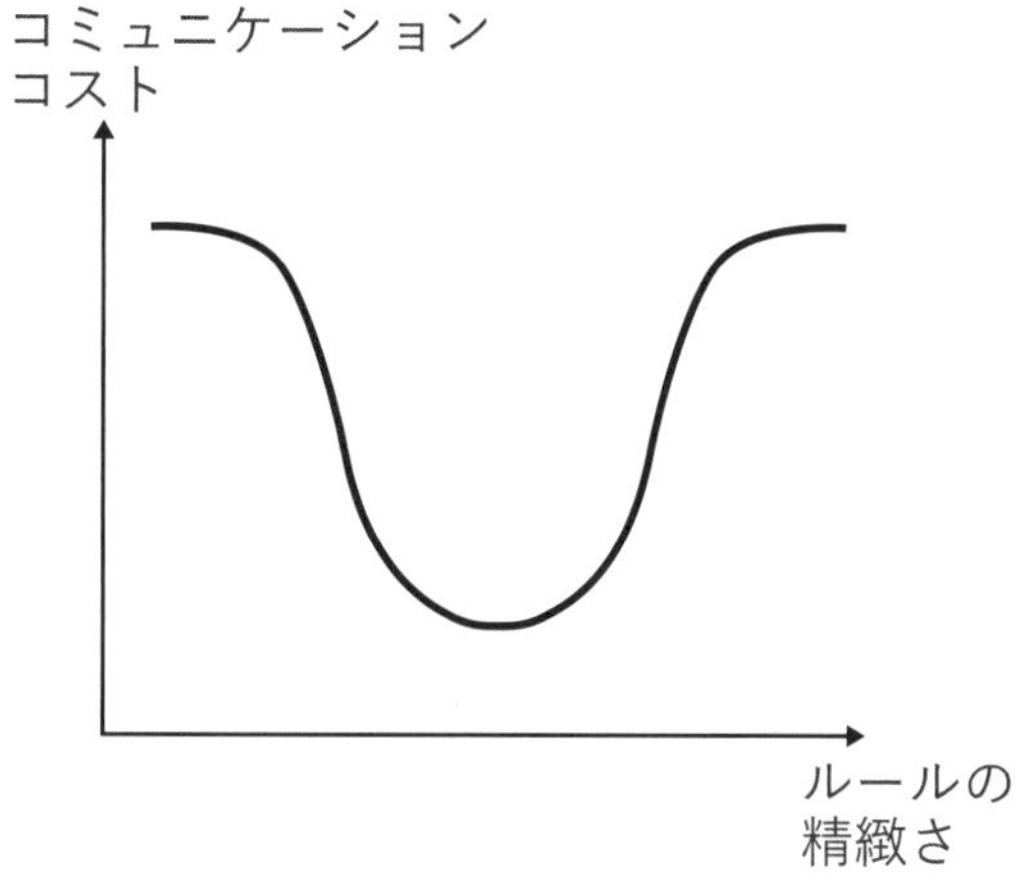

果や効率は高まり続けるのでしょうか？

その気になればルールは際限なく定めることができます。

先ほどのバレーボール部の例で言うと、練習の開始時間や練習における時間配分だけでなく、誰が誰とパスをするのか、スパイク練習では何回ボールを打つのかなどから始まり、最終的には体育館には誰が最初に入るのか、監督に挨拶する時のお辞儀の角度をどれくらいにするか、までルール化することができます。

読者の皆さまはお気づきになられたと思いますが、あまりに細かくルールを決めすぎてしまうと、それはそれで効果や効率は下がっていってしまいます。

そもそも、ルールを決めずに臨機応変に対応した方が良いこともチームの中には沢山存在しますし、あまりに細かくルールを決めてもそもそも運用に乗らないことも多いからです。

このように、ルールの細かさは一定以上を超えると効果が下がっていってしまいます。ある程度まではルールを設定し、ある程度以上はコミュニケーションで担保する、というのがチームにおけるメンバー同士の効果的・効率的な連携におけるポイントです。

「チームにはコミュニケーションが多ければ多い方が良い」

ではなく、

「チームのコミュニケーションは少ない方が良い」

と考えるべきです。

Communication（意思疎通）の法則では効果的なルールとコミュニケーションの設計方法を解き明かしていきたいと思います。

ルール設定の４つのポイント

ルールについても、多くの人が沢山の思い込みや誤解をしています。

例えば、

「ルールはできる限り少ない方が良い」
「メンバーに裁量権のあるチームが良いチームだ」
「チーム内の責任範囲は明確な方が良い」
「プロセスを評価すると結果にこだわらないチームになる」
「プロセスは細かく確認しないチームが良いチームだ」

など。

これらは必ずしも間違っているとは言えませんが、しかし必ずしも正しいとは限りません。

「ルールはできる限り多い方が良い」
「メンバーに裁量権がないチームが良いチームだ」
「チーム内の責任範囲は曖昧な方が良い」
「プロセスを評価すると結果の出るチームになる」
「プロセスを細かく確認するチームが良いチームだ」

ということも状況によってはありえるのです。

何故ならば、前章で述べたように、チームは置かれている状況によってどんな方針で運営すべきかが変わるからです。

前章のチームの4つのタイプを用いながら、チーム内でどのようなルールを設計すべきかをご紹介したいと思います。自分のチームがどのタイプに分類されるかを考えた上で、どんなルールを埋め込むべきかを考えながらお読み頂ければと思います。

※学術的背景に興味がある人はＴｈｅｏｒｙ「エリン・メイヤー『カルチャー・マップ』」参照。

ルール1 ルールは増やすのか、減らすのか?(What:ルールの設定粒度)

どんなチームにも共通する、ルールとして定めるべきことと、ルールを定める際のポイントを4W1Hで紹介したいと思います。

ルール設定の1つ目のポイントは、「What:ルールの設定粒度」。

設定粒度とは「何をルール化の対象にするか」ということです。まずは自分のチームにとって、なるべく細かくルールを決めた方が良いのか、あまり細かくルールを決めすぎない方が良いのかを考える必要があります。

前章で紹介したチームの4つのタイプにあてはめて考えてみましょう。

人材の連携度合いが小さい活動はルールを細かく決める必要はないと言えるでしょう。何故ならばルールが特に必要なのは、メンバーとメンバーが連携するタイミングだからです。連携が必要ないチームの場合、各メンバーが自分で判断して活動する方が効果的な場面も多々あります。逆に人材の連携度合いが大きい活動はルールを細かく決めておかなければコミュニケーションコストがかかりすぎる可能性があります。

また、環境の変化度合いが大きい活動はルールを細かく決める必要はないと言えるでしょう。何故ならばルールを決めても、状況が変わってしまえば活用できなくなる可能性が高いからです。逆に環境の変化度合いが小さい活動はルールを細かく決めても継続的に活用できるでしょう。

チームの4つのタイプに落とし込むと、柔道団体戦型のチームはルールが少ない方がよく、野球型のチームはルールが多い方がよく、駅伝型やサッカー型のチームはその中間と言えるでしょう。

実際に、野球では個々のメンバーの動きに関する様々なルールを細かくサインに落とし込んでいます。そして、一回一回のプレイごとにサインに従って選手が動きます。

ビジネスにおいては、飲食店で接客サービスをする場合には、野球のようにある程度ルールが多い方がうまくいきます。マニュアルなどでメンバーの動きをしっかりと規定しておくようなアプローチが有効です。

一方、サッカーでも試合中の決まりごとは勿論あるものの、その場その場での判断をもとにプレイが行われる度合いが野球よりも遥かに多いです。相手チームの出方によっ

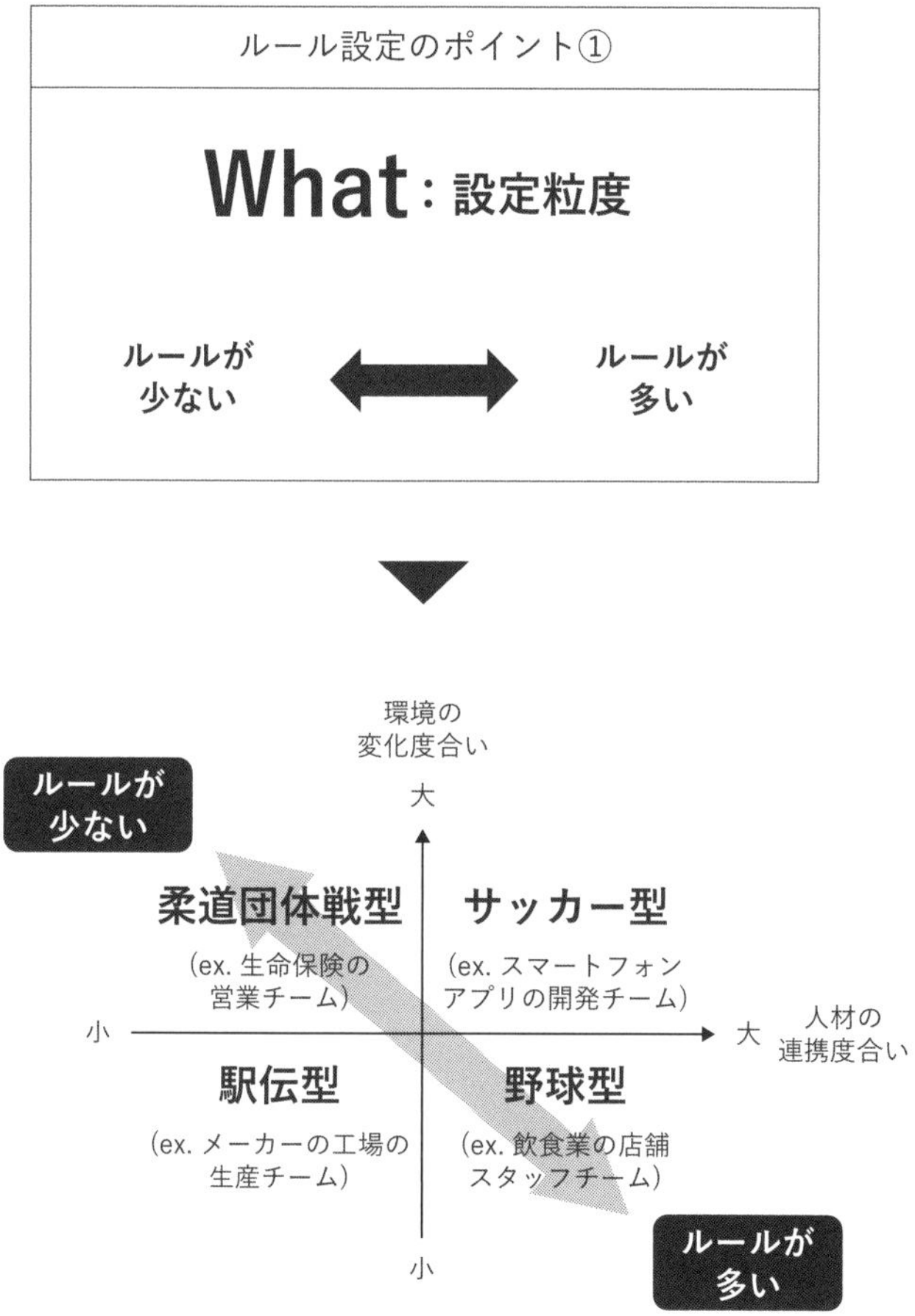
ルール設定のポイント①
What：設定粒度
ルールが少ない
ルールが多い
環境の変化度合い
大
小
人材の連携度合い
大
小
ルールが少ない
柔道団体戦型
(ex. 生命保険の営業チーム)
サッカー型
(ex. スマートフォンアプリの開発チーム)
駅伝型
(ex. メーカーの工場の生産チーム)
野球型
(ex. 飲食業の店舗スタッフチーム)
ルールが多い

て状況がどんどん変化していく中では、ルールに縛られすぎずに、瞬間瞬間で適切なプレイを選手ひとりひとりが自ら選択していく必要があります。

現場のエンジニアがスマホアプリをつくる場合などであれば、サッカーのように臨機応変な対応が求められるので、ルールよりもコミュニケーションでメンバー同士の連携をした方が良いと相対的に言えます。

ルール2 誰が決めるのか？（Who：権限規定のルール）

ルール設定の2つ目のポイントは、「Who：権限規定のルール」。

ルールを増やすか減らすかが決まったら、次に定めるべきなのが権限規定についてのルールです。権限規定とは、「誰がどこまで決めて良いのか」ということです。メンバーがどこまで自分で判断してよいのか、どこからチームとしての判断を仰ぐべきなのかを明確にしておかなければ、チームの活動効率は下がってしまいます。またその際に、「メンバーが決めるのか」「チームやリーダーが決めるのか」、0か100かでは勿論ありませんが、どちらの方向でルールづくりをするかを定めておく必要があります。

チームの4つのタイプにあてはめて考えてみましょう。

人材の連携度合いが小さい活動は、メンバーが自分の活動について自分で決めても問題はあまり生じないと言えるでしょう。何故ならばそれぞれのメンバーが自分の活動を自己完結させられるため、ひとりひとりの個別最適の積み重ねがチームの成果に繋がるからです。逆に人材の連携度合いが大きい活動は、リーダーやチームでそれぞれのメンバーの活動についてもある程度決めていかなければ大きな不具合が生じる可能性がありますす。メンバーの活動が密接に絡み合っているため、全体最適の判断がチームの成果を高めるために必要だからです。

また、環境の変化度合いが大きい活動はメンバーが自分で決めた方が良いと言えるでしょう。何故ならばいちいちリーダーやチームに判断を仰いでいると、状況変化にスピーディに対応できないからです。逆に環境の変化度合いが小さい活動はリーダーやチームにその都度判断を仰いだ方が適切に対処できる可能性があります。

チームの4つのタイプに落とし込むと、柔道団体戦型のチームはメンバーが自分で決めた方がよく、野球型のチームはリーダーやチームが決めた方がよく、駅伝型やサッカー型のチームはその中間と言えるでしょう。

実際に、柔道の団体戦において、一度試合が始まれば選手は監督の指示をいちいち気にしている余裕はないはずです。監督よりも相手選手のプレイに全神経を集中させる必要があるでしょう。

ビジネスにおいては、生命保険の営業は、上司の判断を仰ぐことも勿論あるでしょうが、その場その場で顧客の様子を見ながら、自分で判断していかなければ営業成績はあがらないはずです。

一方で、野球は1プレイごとに監督やコーチからサインが出て、それをもとに選手がプレイをします。監督のサインがなければ、バッターがボールを打つと同時にランナーが走り出すヒットエンドランなどの高度な連携プレイは決して成功させることができないでしょう。

スマホアプリをつくる場合などであれば、ひとりひとりのエンジニアが自分の判断だけでそれぞれのコードを書いてしまったら、全体として歪《いびつ》なシステムになってしまいます。

それぞれのチーム状況を鑑みながら、「誰が何を決めて良いのか?」という権限規定に関するルールを定める必要があります。

ルール設定のポイント②

Who：権限規定

メンバーが決める ⟷ チームで(リーダーが)決める

▼

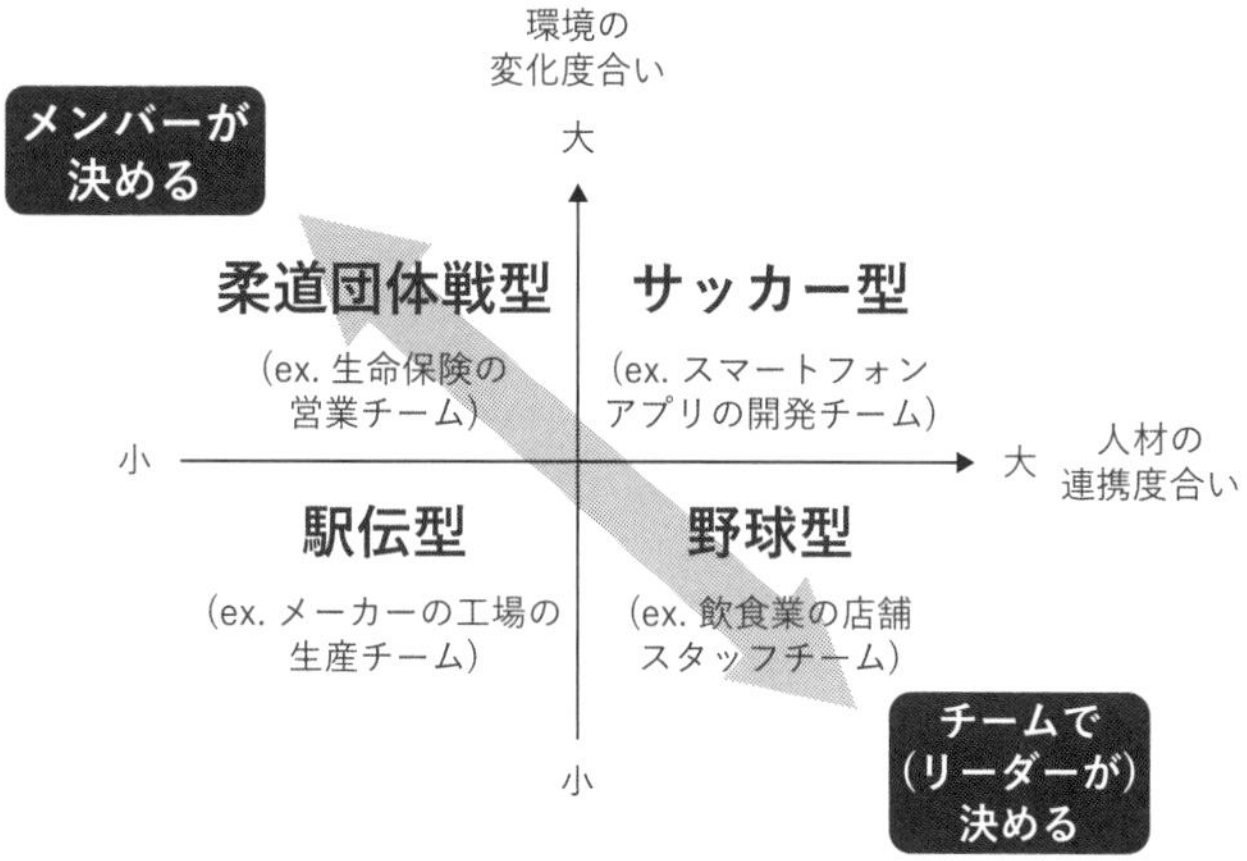

ルール３　どこまで責任を負うのか？（Where：責任範囲のルール）

ルール設定の３つ目のポイントは、「Where：責任範囲のルール」。

誰が決めるのかが決まったら、次に定めた方が良いのが責任範囲についてのルールです。責任範囲とは、「ひとりひとりがどこまで責任を負うのか」ということです。チームとしてひとりひとりの責任範囲を明確にした上で、自分の担当領域のみの成果に責任を負うのか、チーム全体の成果に責任を負うのか、どちらの方向でルールづくりをするかを定めておく必要があります。

チームの４つのタイプにあてはめて考えてみましょう。

人材の連携度合いが小さい活動は個人の責任範囲を明確にしやすいので、それぞれが担当領域に集中できるように、自分の担当領域の成果のみに責任を負っても問題はないでしょう。一方で、人材の連携度合いが大きい活動は個人の責任範囲をある程度までは明確にできても、完全には明確にできません。メンバーには自分の担当領域の成果のみならず、チーム全体の成果にも責任を負ってもらった方が良いでしょう。

また、環境の変化度合いが大きい活動は一度定めたひとりひとりの責任範囲を状況の変化によって変えなければいけません。ある程度、ひとりひとりの責任範囲に曖昧さや幅を持たせた方が状況の変化に対応しやすいでしょう。逆に環境の変化度合いが小さい活動は一度決めた責任範囲を変える必要がないので、明確に責任範囲が決まっている方が効果的です。

チームの4つのタイプに落とし込むと、駅伝型のチームは自分の担当領域に責任を負ってもらった方が良く、サッカー型のチームは自分の担当領域だけでなくチーム全体の成果にも責任を負ってもらった方が良いでしょう。野球型や柔道団体戦型のチームはその中間と言えるでしょう。

実際に、駅伝ではひとりひとりの選手が自分の担当区間で責任を持って良いタイムを出すことが、チームの勝利に最も大切なことであることは疑う余地はありません。

ビジネスにおいては、工場の生産ラインでは自分の作業工程で責任を持ってミスをしないことが最も大切ですし、生命保険の営業は個人で責任を持って営業成績をあげることが最も大切なはずです。

ルール設定のポイント③

Where：責任範囲

個人成果に責任を負う ⟷ **チーム成果に責任を負う**

▼

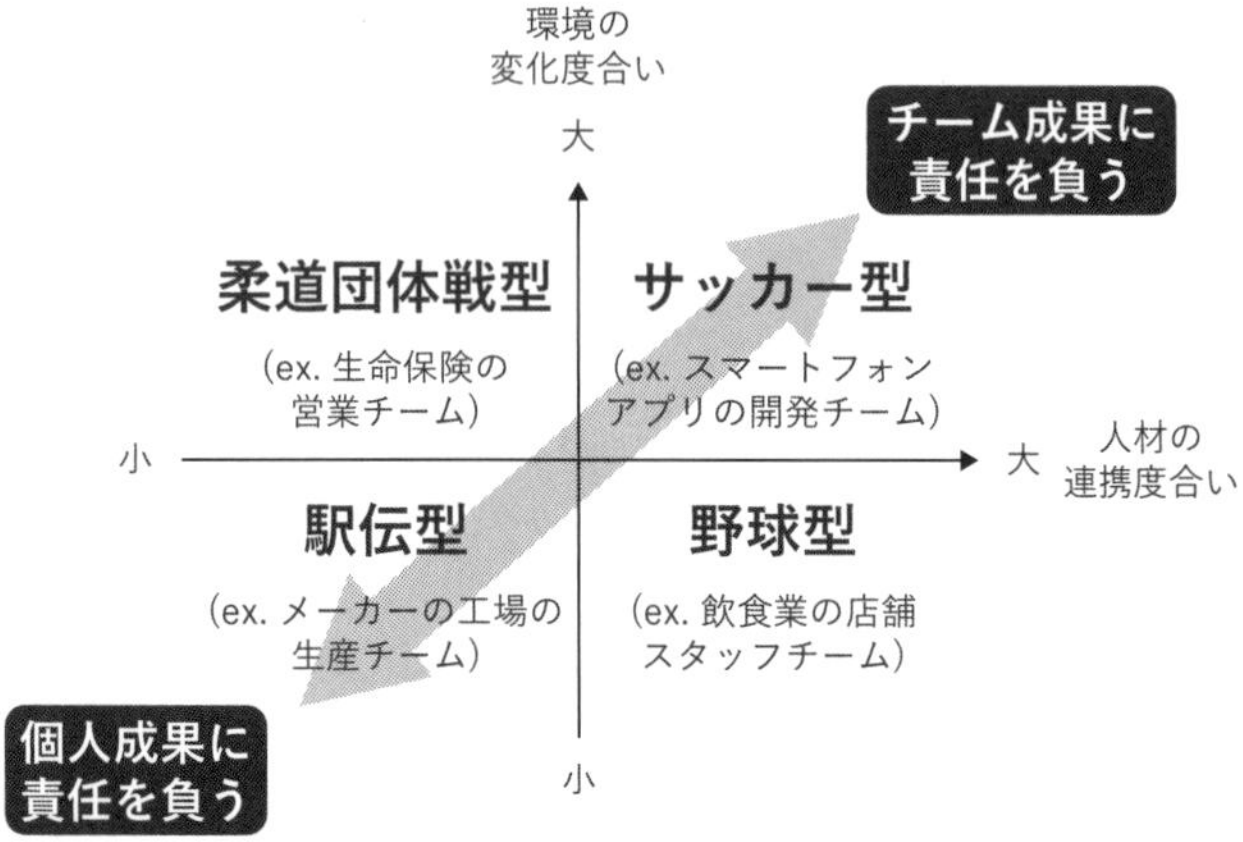

一方で、サッカーは状況次第ではもともとの自分の責任範囲を超えて貢献することが求められる場合があります。ゴールキーパーの役割は失点を防ぐことですが、試合終盤に1点差で負けていれば、自らの役割範囲を超えてセットプレイに参加してシュートをしにいくことすらあります。

ビジネスにおいては、スマホアプリの開発現場では、時にエンジニアが直接ユーザーにヒアリングに行ったり、デザイナーがプロダクトマネジャーと企画を一緒に立てたりしながら、職種を超えてチームが一体となってプロダクトをつくりあげていきます。それぞれの責任範囲をある程度明確にすることは勿論重要ですが、チーム全体の成果にも各メンバーが責任を負うことが重要です。

それぞれのチーム状況を鑑みながら、「ひとりひとりがどこまで責任を負うのか」という責任範囲に関するルールを定める必要があります。

ルール4 何を評価するのか？（How：評価対象のルール）

ルール設定の4つ目のポイントは、「How：評価対象のルール」。

メンバーの責任範囲が決まったら、次に定めた方が良いのが評価対象についてのルールです。評価対象とは文字通り、「何を評価するか」ということです。チームのメンバーを成果によって評価するのか、成果だけではなくプロセスも含めて評価するのかをルールとして定めておく必要があります。

チームの４つのタイプにあてはめて考えてみましょう。

人材の連携度合いが小さい活動は、チーム全体の成果をメンバーひとりひとりに分解して還元しやすいです。よって、ひとりひとりが創出した成果を評価すべきです。一方で、人材の連携度合いが大きい活動は、お互いの行動が複雑に絡み合ってチームの成果が創出されるため、チーム全体の成果をひとりひとりに分解して還元しにくいです。よって、ひとりひとりのプロセスやアクションを評価した方が評価しやすいです。

また、環境の変化度合いが大きい活動は、メンバーがどのような行動をすれば成果に繋がるかというのが状況に応じて変化していくため、最終的に創出された成果で評価すべきです。逆に、環境の変化度合いが小さい活動は、どのような行動をすれば成果に繋がるのかが事前に規定しやすいため、成果に至るまでのプロセスを評価することも可能です。

チームの4つのタイプに落とし込むと柔道団体戦型のチームは成果で評価すべきですが、野球型のチームはプロセスで評価すべきです。駅伝型やサッカー型のチームはその中間と言えるでしょう。

ビジネスにおいては、生命保険の営業はチームの成果をメンバーひとりひとりに分解して還元しやすいです。チームの契約件数を「誰が何件売ったのか？」という個人の成果に分解することは容易です。ひとりひとりのメンバーを成果で評価した方が良いでしょう。

一方で、飲食店のスタッフは、チームの成果をメンバーひとりひとりに分解して還元することは困難です。店舗の売上を、キッチン、ホール、レジ、それぞれのメンバーの個人の売上に分解することは到底できません。ひとりひとりのメンバーをプロセスで評価した方が良いでしょう。

それぞれのチーム状況を鑑みながら、「何を評価するか」という評価対象に関するルールを定める必要があります。

ルール設定のポイント④

How：評価対象

成果を評価する ⟷ **プロセスを評価する**

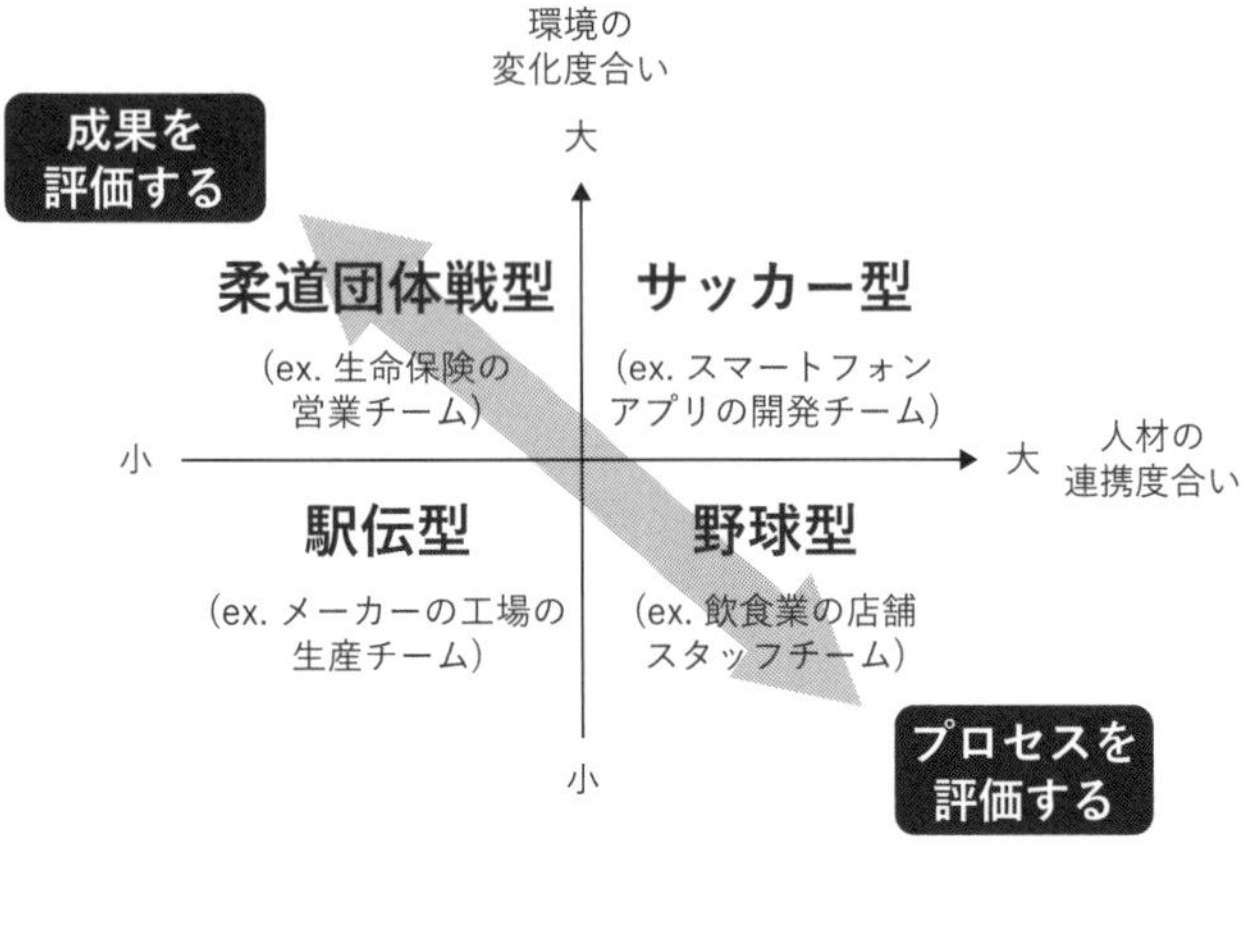

ルール5　どれくらい確認するのか？（When：確認頻度のルール）

ルール設定の5つ目のポイントは、「When：確認頻度のルール」。

メンバーの評価対象が決まったら、次に定めた方が良いのが確認頻度についてのルールです。確認頻度とは文字通り、「いつ、どれくらい確認するのか？」ということです。チームの中で途中段階の進捗も含めてなるべく頻度高く確認するのか、最終的な結果が出てから確認をするのかをルールとして定めておく必要があります。

ビジネスにおいては、会議の実施や管理帳票の更新の頻度にそれが表れますし、スポーツにおいてはタイムアウトの回数などにそれが表れます。

チームの4つのタイプにあてはめて考えてみましょう。

人材の連携度合いが小さいチームはひとりひとりが自分の活動の進捗を管理すれば良いので、チーム全体での進捗の確認頻度は少なくても問題ありません。一方で、人材の連携度合いが大きいチームはチーム全体で進捗をこまめに共有、確認しながら活動する必要があります。

また、環境の変化度合いが大きいチームは、状況が変わる度に方針をすり合わせた方が良いのでチーム全体での確認頻度が多い方が良いでしょう。一方で、環境の変化度合いが小さいチームは変化が少ない分、確認が少なくても問題ないはずです。

それぞれのチーム状況を鑑みながら、「どれくらい確認するのか」という確認頻度に関するルールを定める必要があります。

チームの4つのタイプに落とし込むと、サッカー型のチームは途中段階で細かく確認すべきですが、駅伝型のチームは確認頻度が多い必要はありません。野球型や柔道団体戦型はその中間と言えるでしょう。

サッカーは刻一刻と変化する状況に対応するために試合中のあらゆる場面で選手同士が声を掛け合います。ビジネスにおいては、スマホアプリの開発チームは頻繁にお互いの状況を確認し合わなければ良いプロダクトはつくれません。ミーティングは勿論のこと、チャットツールなどで日常的にコミュニケーションを取ることは非常に有効です。

駅伝は試合中に選手同士が声を掛け合う必要はほとんどないと言っても良いでしょう。むしろ、ひとりひとりが自分の走りに集中することが大切です。ビジネスにおいては、メーカーの工場の生産ラインチームは、チームメンバー同士やリーダー・メンバー間で週次でコミュニケーションが取れれば、業務はスムーズに進むでしょう。

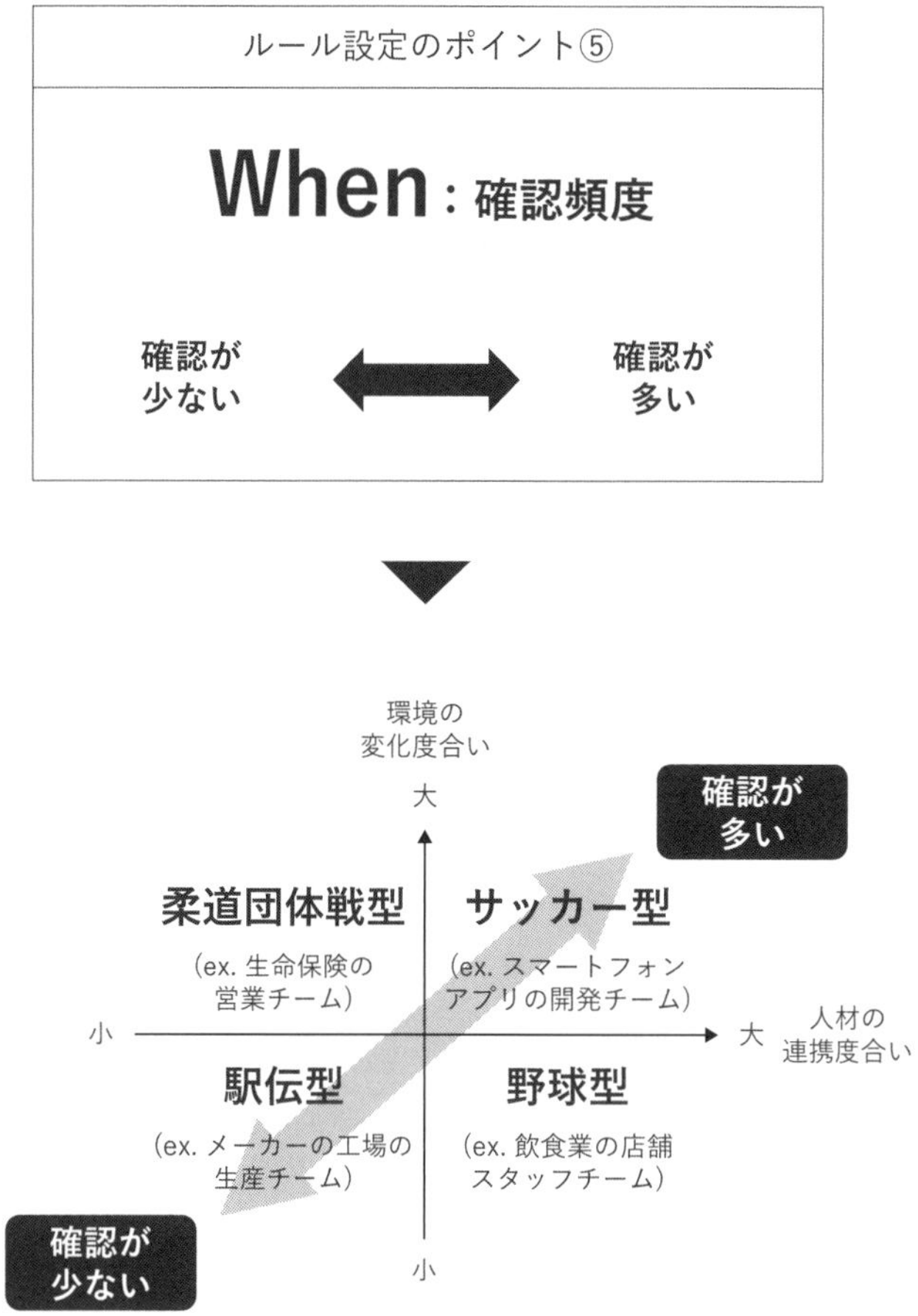

〈ルールの4W1H〉

※タテ軸は「環境の変化度合い」
ヨコ軸は「人材の連携度合い」

What（設定粒度）	ルールが少ない	⟺	ルールが多い
Who（権限規定）	メンバーが決める	⟺	チームで（リーダーが）決める
Where（責任範囲）	個人成果に責任を負う	⟺	チーム成果に責任を負う
How（評価対象）	成果を評価する	⟺	プロセスを評価する
When（確認頻度）	確認が少ない	⟺	確認が多い

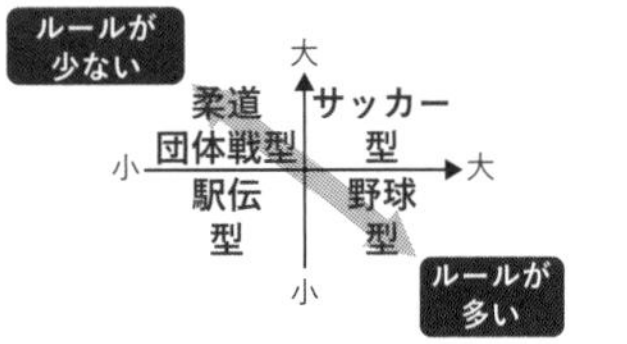

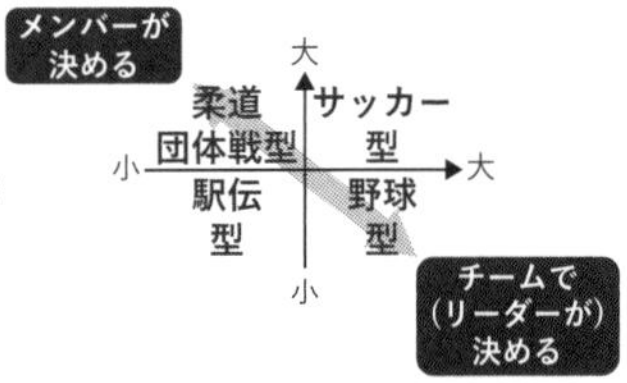

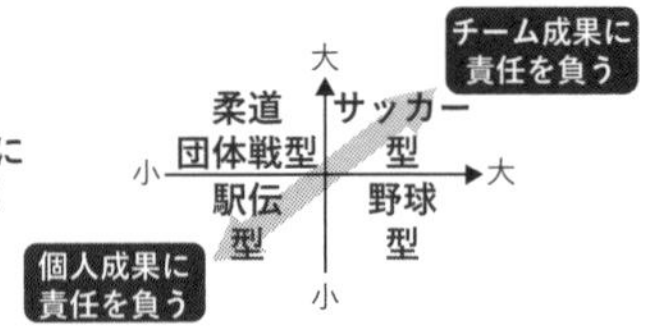

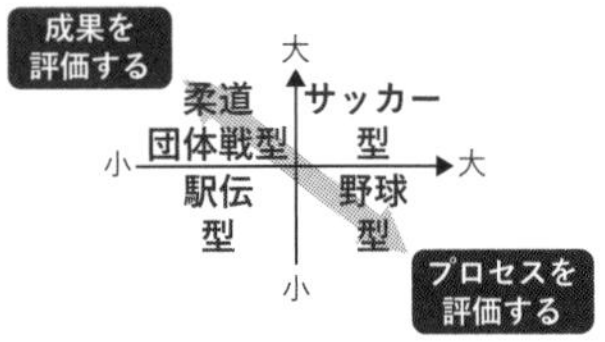

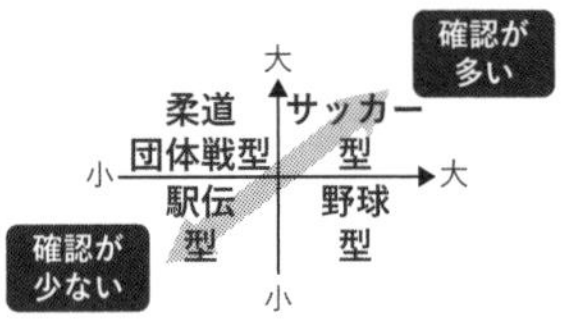

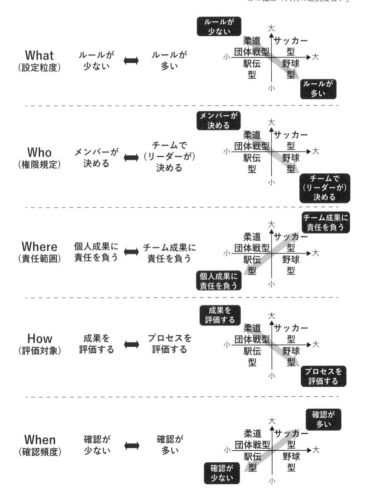

もしもあなたのチームがルールをきちんと定めないまま、日々のコミュニケーションだけでメンバー同士の連携を担保しているのだとしたら、そこには大きな非効率が存在するはずです。

ルールの4W1Hを用いてチームに合ったルール設計をすることで、コミュニケーションの複雑性を減らすことから始めてみて下さい。

コミュニケーションを阻むのはいつだって感情

ルールによってコミュニケーションの複雑性を下げたとしても、チームにおけるメンバー同士の効果的な連携にはコミュニケーションは必要不可欠です。

では、どうすればチームの中で効果的なコミュニケーションができるでしょうか？

「チーム内のコミュニケーションは簡潔な方が良い」

多くの書籍で、とにかく短く話すことが推奨されています。

確かに、無駄に長い話は必要ありませんが、コミュニケーションは簡潔であればあるほど、効率的・効果的になるわけではありません。

それは何故か。

世の中でコミュニケーションについて語られる場合、その多くが、「何を伝えれば良いのだろう」というコミュニケーションのコンテンツ（内容）に着目したものです。

しかし、コミュニケーションのコンテンツをどのように変えても、チームメンバーたちが動いてくれないことがあります。

何故ならば、そのような時にチームメンバーが動いてくれない原因は「感情」にこそあるからです。

「どうせ、このメンバーは自分のことを分かってくれていない」
「しょせん、自分が動いてもチームの結果は変わらない」
「やっぱり、このチームでは自分は大切にされていない」

などなど。

「どうせ」「しょせん」「やっぱり」といった言葉に代表されるチームやチームメンバーに対するネガティブな感情が、コミュニケーションのコンテンツに対する理解や共感、その先にある行動を阻害していることがあります。

そのような状況の中では、どれだけ「何を伝えるか」について工夫をしたとしても、相手のネガティブな感情によって跳ね返されてしまい、コミュニケーションは効果的なものになりません。

チームメンバーに対して「何を」伝えるかではなく、「誰が」「どのような場で」伝えるかを変えなければなりません。

同じことを言われたとしても「誰から言われたのか」「どのような場で言われたのか」によって、言われた側のメンバーの感情は大きく変わってきます。

「誰が」「どのような場で」伝えるのかというのは、コミュニケーションの前提となるコンテキスト(文脈)です。

ここからは、良いコンテキストを生み出すために、時に、

「チーム内のコミュニケーションは簡潔な方が良い」

ではなく、

「チーム内のコミュニケーションに無駄があっても良い」

ということをお伝えしたいと思います。

まずはチームメンバーの感情をポジティブなものへと変えるコミュニケーションのコンテキストづくりについて紹介していきたいと思います。

「理解してから理解される」という人間関係の真実

世界的なベストセラーであるビジネス書『7つの習慣』では、世界で活躍している成功者がどのような習慣を持っているかを解き明かしています。

そこで紹介されている習慣の1つに「理解してから理解される」というものがあります。

人間は自分のことを理解してもらおうとしているうちは相手から理解されず、自分が相手のことを理解しようとした時に、相手から自分のことも理解される、という考え方です。

中国の故事に「士は己を知る者の為に死す」という言葉があります。

中国の春秋戦国時代、晋の智伯は趙の襄子に滅ぼされました。智伯の臣であった予譲は命懸けで敵討ちをしようとして捕らえられました。予譲が処刑されようとする時に、何故そこまでするのかと問われて言った言葉です。

仕えていた智伯が自分の能力を理解し、登用してくれたことを恩に感じて予譲は敵討ちをしようとしたのです。自分を理解してくれる人のために何かをしたいという人間の特性をよく表したエピソードです。

「どうせ、しょせん、やっぱり」というチームに根付くネガティブな感情を排除するためには、それぞれのメンバーが「自分は理解されている」と感じることが効果的です。

逆に言うと、「どうせ、しょせん、やっぱり、この人たちは自分のことを分かってくれていない」というチームメンバーたちとは効果的なコミュニケーションを取ることができません。

同じ内容を伝えたとしても、「自分のことを分かってくれていない人が伝えている」のと「自分のことを分かってくれている人が伝える」のとでは、受け取る相手の感情が全く違うのです。

コミュニケーションは「誰が」伝えるのかが重要です。

相手に自分は理解されていると感じてもらうために、チームメンバーは他のメンバーの「経験」「感覚」「志向」「能力」を理解する必要があります。

チームメンバーの「経験」「感覚」「志向」「能力」を理解した上で伝えれば、コミュニケーションの効果を飛躍的に高めることができます。

例えば、あるメンバーにリーダーのアシスタント役への配置転換を伝える際にも、「このリーダーのアシスタントをやってほしい」と伝えるのと、「このリーダーのアシスタントをやってほしい。あなたは学生時代のサークルでサブリーダーをやっていて（経験）、とても充実していたと言っていたよね（感覚）。きっとこの仕事も楽しんでできると思うよ」と伝えるのとでは、同じことを「伝えて」いても、「伝わる」度合いは全く違います。

ミスが多いチームメンバーに、「ミスがないようにもっと丁寧かつ慎重に仕事をしてほしい」と伝えるのと「ミスがないようにもっと丁寧かつ慎重に仕事をしてほしい。君は企画を立てることにはとても長けている（能力）けれども、将来プロジェクトマネジャーをやりたいのであれば（志向）、計画性や確動性も必要だよ」と伝えるのとでは、同じことを「伝えて」いても、「伝わる」度合いは全く違います。

チームメンバーの「経験」「感覚」「志向」「能力」を「相互理解」していれば、前記のように同じコンテンツ（内容）でも全く違うコンテキスト（文脈）で伝えることができ、相手に伝わり、感情を動かすコミュニケーションができるのです。

チームメンバーの人生を知っているか?

採用の面接などでは「あなたが今まで最も頑張ったことを教えて下さい」という質問をされることがありますが、実はこれは相手を知るために有効な質問ではありません。

何故ならば、何十年も生きてきた中の、ほんの数週間や数日の出来事を話されても、相手の人生における「経験」の全体像を知ることができないからです。言い換えると相手の「経験」を「点」でしか把握できず、「線」で知ることができないのです。

また、この質問だけでは、相手の「経験」しか知ることができないのですが、相手をしっかりと理解しようとすると、本来はその「経験」を通じてどんなことを感じたかという、相手の「感覚」を理解する必要があります。言い換えると、相手の「経験」だけではなく、「感覚」まで掘り下げることによって「線」ではなく「面」で相手を知る必要があるのです。

人事の領域では相手の経験の全体像を知るための質問を「水平質問」、相手の経験だけでなく感覚まで掘り下げる質問を「垂直質問」と言います。

しかし、的確に「水平質問」や「垂直質問」をするのは簡単なことではありません。

そこで、「モチベーショングラフ」という相手の「経験」や「感覚」を手軽に把握できるアプローチを紹介したいと思います。

「モチベーショングラフ」は横軸に時間、縦軸にモチベーションを取り、その変化を曲線で描きます。曲線が山や谷になっている部分に吹き出しで出来事を記入します。

横軸を生まれてから今に至るまでに設定すると、相手の「経験」を「線」で知ることができます。またモチベーションを曲線で描いてもらうことにより、その都度の「感覚」が分かり、「面」で相手を知ることができるのです。

私たちは同じチームにいるメンバーの「今」しか知らないことも多いですが、「過去」を「経験」と「感覚」という軸で理解することで、相手のコンテキストに合わせたコミュニケーションが可能になります。

是非あなたのチームでも、メンバー全員でモチベーショングラフを作成し、共有してみて下さい。チーム内のコミュニケーションが、相手の過去の経験や感情に配慮したものへと変化していくはずです。そして、メンバー同士のコミュニケーションが、一方的に「伝える」ものから、相手に「伝わる」ものへ、そして相手を「動かす」ものへと変わっていくでしょう。

〈モチベーショングラフ〉

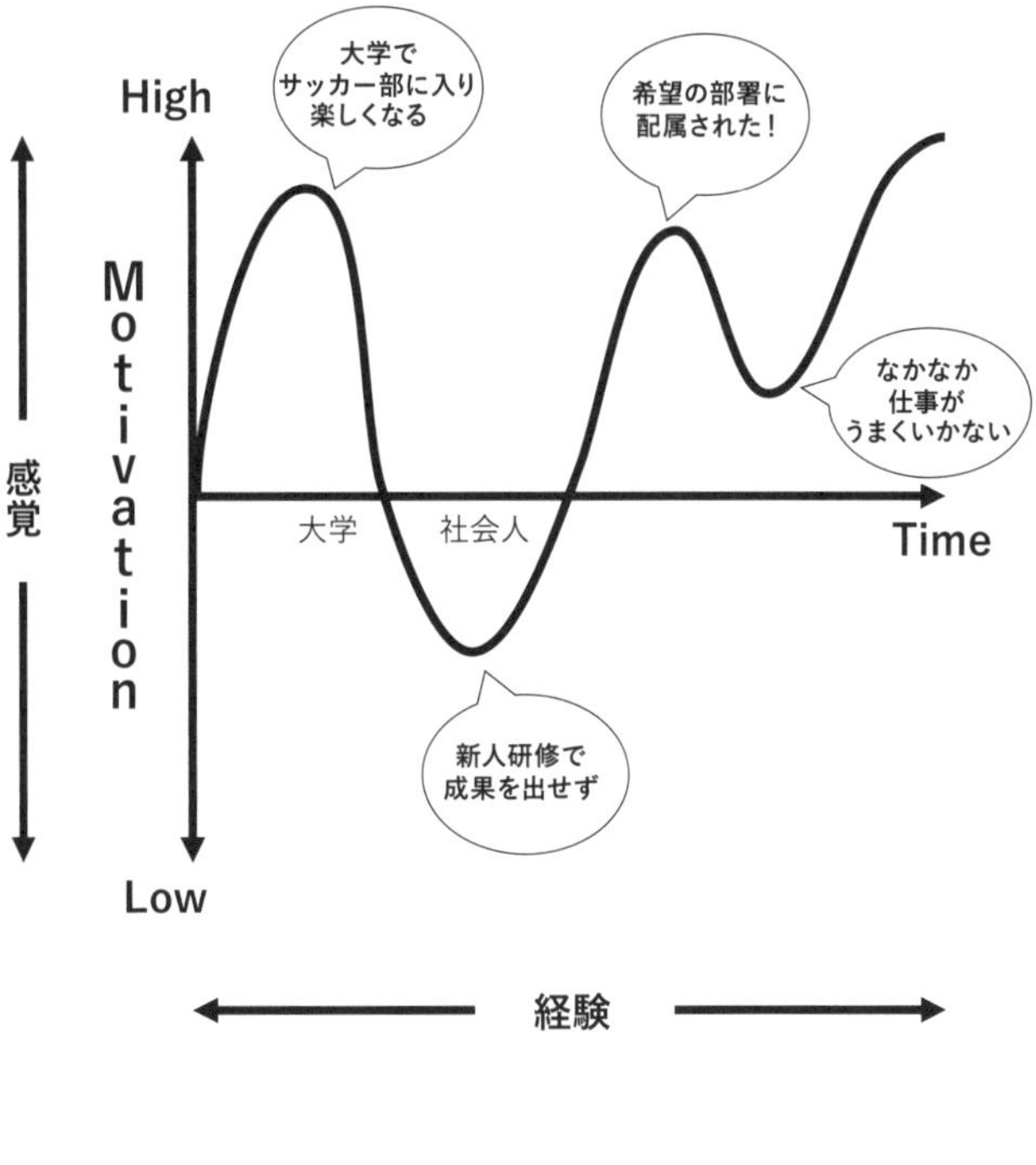
大学で
サッカー部に入り
楽しくなる
希望の部署に
配属された！
なかなか
仕事が
うまくいかない
新人研修で
成果を出せず
High
Low
Motivation
感覚
大学
社会人
Time
経験

相手の特徴を知らなければコミュニケーションは成立しない

相手の「経験」や「感覚」に加え、「志向」や「能力」といった特徴を摑むことができれば、より相手のコンテキストに合わせたコミュニケーションが可能になります。

リンクアンドモチベーションでは、人材採用や人材育成において、人の「志向」を知るための「モチベーションタイプ」、「能力」を知るための「ポータブルスキル」というフレームワークを活用しています。

「分かる」の語源は「分ける」だと言われていますが、目に見えず捉えにくい人の「志向」や「能力」を摑むためには、それらを「分ける」、つまりは分類して捉える必要があります。「モチベーションタイプ」や「ポータブルスキル」は人の「志向」や「能力」をまさしく分けることによって分かりやすくしたものです。

「モチベーションタイプ」は、思考や行動に対する欲求を表していて、「アタックタイプ」（達成支配型欲求）、「レシーブタイプ」（貢献調停型欲求）、「シンキングタイプ」（論理探求型欲求）、「フィーリングタイプ」（審美創造型欲求）の4つに分けられます。

「アタックタイプ」(達成支配型欲求)は「自力本願で強くありたい。成功を収めたい。周囲に影響を与えたい。意志薄弱な状態や人への依存を避けたい」という欲求を持っています。反応しやすいキーワードは「勝・負」「敵・味方」「損・得」で、言われて嬉しい言葉は「すごいね」です。

「レシーブタイプ」(貢献調停型欲求)は「人の役に立ちたい。平和を保ち、葛藤を避けたい。中立的な立場でいたい。他者との戦いよりも協調を大切にしたい」という欲求を持っています。反応しやすいキーワードは「善・悪」「正・邪」「愛・憎」で、言われて嬉しい言葉は「ありがとう」です。

「シンキングタイプ」(論理探求型欲求)は「様々な知識を吸収したい。複雑な物事を究明したい。勢いだけで走ること・無計画な状態を避けたい」という欲求を持っています。反応しやすいキーワードは「真・偽」「因・果」「優・劣」で、言われて嬉しい言葉は「正しいね」です。

「フィーリングタイプ」(審美創造型欲求)は「新しいものを生み出したい。楽しいこ

〈モチベーションタイプ（志向）〉

アタックタイプ（達成支配型）	レシーブタイプ（貢献調停型）	シンキングタイプ（論理探求型）	フィーリングタイプ（審美創造型）
反応しやすいキーワード	反応しやすいキーワード	反応しやすいキーワード	反応しやすいキーワード
勝・負	善・悪	真・偽	美・醜
敵・味方	正・邪	因・果	苦・楽
損・得	愛・憎	優・劣	好・嫌
嬉しい言葉	嬉しい言葉	嬉しい言葉	嬉しい言葉
「すごいね」	「ありがとう」	「正しいね」	「面白いね」

〈ポータブルスキル（能力）〉

外向的スキル	⟷	内向的スキル	父性的スキル	⟷	母性的スキル	右脳的スキル	⟷	左脳的スキル
決断力	⟷	忍耐力	主張力	⟷	傾聴力	試行力	⟷	計画力
曖昧力	⟷	規律力	否定力	⟷	受容力	変革力	⟷	推進力
瞬発力	⟷	持続力	説得力	⟷	支援力	機動力	⟷	確動力
冒険力	⟷	慎重力	統率力	⟷	協調力	発想力	⟷	分析力
対自分力			対人力			対課題力		

とを計画したい。自分の個性を理解されたい。平凡であること・同じことの繰り返しを避けたい」という欲求を持っています。反応しやすいキーワードは「美・醜」「苦・楽」「好・嫌」で、言われて嬉しい言葉は「面白いね」です。

モチベーションのタイプ分類を理解することで、相手の志向を捉えやすくなるはずです。

「ポータブルスキル」は、直訳すると「持ち運び可能な能力」になりますが、これは業界や職種を問わず、必要とされる能力という意味で、「対自分力」（行動や考え方のセルフコントロール能力）、「対人力」（人に対するコミュニケーション能力）、「対課題力」（課題や仕事への処理対応能力）の3つに分けられます。

「対自分力」は「決断力」「曖昧力」「瞬発力」「冒険力」といった外向的なスキルと、「忍耐力」「規律力」「持続力」「慎重力」といった内向的なスキルに分けられます。

「対人力」は「主張力」「否定力」「説得力」「統率力」といった父性的なスキルと、「傾聴力」「受容力」「支援力」「協調力」といった母性的なスキルに分けられます。

「対課題力」は「試行力」「変革力」「機動力」「発想力」といった右脳的なスキルと「計画力」「推進力」「確動力」「分析力」といった左脳的なスキルに分けられます。

外向的か内向的か、父性的か母性的か、右脳的か左脳的か、どちらのスキル傾向があるのかを理解することで、相手の能力を捉えやすくなるはずです。

あなたのチームでも、メンバーひとりひとりにセルフチェックをしてもらってみて下さい。そして自分たちのタイプやスキルをチーム内で共有した上で、日々のコミュニケーションで相手の志向や能力を意識して下さい。例えば相手が「アタックタイプ」「父性スキル」などであれば、仕事を頼む前に一言「〇〇さんの統率力（能力）はすごい（志向）と思っているから～～を頼みたい」と加えてみて下さい。チームのコミュニケーションはより相手に「伝わる」、そして相手を「動かす」ものへと変わっていくはずです。

私たちは同じチームにいるメンバーの「行動」しか見ることができませんが、その裏側にある「志向」や「能力」を理解することで、お互いのコンテキスト（文脈）に合わせたコミュニケーションが可能になります。

コミュニケーションがうまくいかない理由は多くの場合、「自分と他人は同じ」という前提でコミュニケーションを取ってしまうことにあります。しかし、人間はひとりひとり異なる前提を持っているため、同じ内容を伝えても、人によって自分とは全く異なる受け取り方をしたり、全く異なる感情を抱いたりするものです。メンバーの「経験」「感覚」「志向」「能力」を知ることで、自分と相手との違いも理解でき、チームの目的の実現に向けて効果的・効率的なコミュニケーションができるようになるはずです。

「どうせ・しょせん・やっぱり」がアイデアを殺す

ここまではコミュニケーションの「誰が」に注目し、相手にとって「自分のことを分かってくれている」と感じられる発信者になることによって、コミュニケーションを阻害するネガティブな感情を払拭するアプローチを紹介してきました。

次に「どのような場で」コミュニケーションをすることが効果的か、をお伝えしたいと思います。

チームで活動をしていると、様々な問題にぶつかります。それに対してチームとして有効な解決策を立案し、実行して乗り越えていかなければ目的や目標を達成することができません。

そのためにはそれぞれのメンバーが自らの抱えている問題やアイデアをチームとして共有しなければなりません。

しかし、多くのチームでそれを「場」が阻害してしまっています。

「どうせ、しょせん、やっぱり、この場では言っても無駄だ」という感情をメンバーがチームに対して抱いてしまっているのです。

メンバーたちがチームの問題に気づいていたり、問題を解決するためのアイデアを持っていたとしても、それらを心の内に秘めてしまっていることがよくあります。

チームの問題やメンバーのアイデアがテーブルの上にあがりさえすれば、多くの問題が解決していくにもかかわらず、場に対するネガティブな感情がそれを妨げてしまっているのです。

こういった場に対するネガティブな感情を排除し、積極的な発言や行動を引き出すために重要な考え方が「心理的安全」という考え方です。

昨今ではGoogleがこの「心理的安全」を重視した組織運営に取り組んでいることで注目されています。

チームに「心理的安全」を醸成し、問題を共有・解決するための積極的な発言や行動を引き出すことが重要です。

己をさらして心理的安全をつくり出す

心理的安全に支障をきたす原因は、4つに分類することが可能です。

1つ目は、「無知（Ignorant）だと思われる不安」。

こうした恐れが蔓延した環境だと、発言や行動が起こりにくくなってしまいます。

これを防ぐためには「率直質問機会」を提供するのが有効です。

そもそも、こうした不安を感じてしまうのは「イマイチな質問をすると他のチームメンバーの機嫌を損ねるかもしれない」と考えてしまう場合です。よって、どんな内容の質問をしても大丈夫だと積極的に伝え、質問することそれ自体が素晴らしいということを共有する場をつくる必要があります。

そうした環境を醸成できれば、「無知だと思われる不安」を感じることはなくなっていきます。反対に、「こんなことも知らないのか」といった言い方をされてしまうと、心理的安全が損なわれます。メンバーがきちんとチームの状況を理解できていなくても、それを質問などで解消しないまま活動に取り組んでしまう可能性が生まれます。

2つ目は、「無能（Incompetent）だと思われる不安」。

「こいつは大したことがないな」と思われる恐怖から消極的になってしまったり、自分の失敗をチームに隠してしまう状態です。

これに対処するためには、「失敗共有機会」を設け、「失敗を恐れず、挑戦してもいいんだ」と思える環境を整備することが効果的です。あえて、メンバーたちに自分の失敗を共有してもらい、そこから共に学び、成長していく場をつくることで、失敗が悪なのではなく、失敗を隠すことや失敗から学ばないことが良くないのだということを感じてもらうことがポイントです。

反対に、失敗したメンバーに対して「こんなこともできないのか」といった反応をしてしまうと、メンバーは途端に消極的な考え方に支配されてしまいます。


3つ目が、「邪魔（Intrusive）だと思われる不安」。

チームの議論を遮ってしまうことへの恐れにより発言への積極性が損なわれてしまうことを防ぐためには、「発言促進機会」の設定が有効です。

時に議論を止めてしまったとしても、意見が生まれたこと自体を良しとする風土を醸成することが大切です。何故ならば、議論を止めてしまうことを過度に恐れてしまうと、折角自分の頭の中に浮かんだアイデアをチームで共有しないということが頻発してしまうからです。「今の言う意味あった？」などの反応をしてしまうと、メンバーはこの悪循環から抜け出せなくなってしまいます。

最後の４つ目が、「批判的（Negative）だと思われる不安」。

チームの方針に反対すると他のメンバーから自分が何でも批判的な人物だと思われてしまうのではないか、という恐れがメンバーに蔓延し、みんなが無思考なＹＥＳマンになるリスクがあります。

そのようなリスクを下げていくために、「反対意見機会」を設け、人と違っても良いのだと思える環境をつくることです。

この場合のＮＧワードは「それは絶対違うでしょ」。このような発言を減らし、反対意見を言える気風を生むことができれば、次第にコミュニケーションは円滑になっていくはずです。

もしもあなたのチームに発言や行動に対する不安や恐れが蔓延しているのであれば、ここで紹介したＮＧワードをチーム内で共有して下さい。そして「率直質問」「失敗共有」「発言促進」「反対意見」などを積極的に行う場を設けてみて下さい。

〈心理的安全の4つのポイント〉

メンバーが抱きやすい不安	チームが言うべきでない言葉	チームがつくり出すべき機会	メンバーに生まれる心理
無知だと思われる(Ignorant)	**「こんなことも知らないのか」**	**率直質問**	**「聞いてもいいんだ」**
無能だと思われる(Incompetent)	**「こんなこともできないのか」**	**失敗共有**	**「間違ってもいいんだ」**
邪魔だと思われる(Intrusive)	**「今の言う意味あった？」**	**発言促進**	**「言ってもいいんだ」**
批判的だと思われる(Negative)	**「それは絶対違うでしょ」**	**反対意見**	**「人と違っていいんだ」**

このような4つのアプローチでチームの中に「心理的安全」を生み出すことができれば、メンバーの積極的な行動や発言を生み出しやすいコンテキスト（文脈）を持った場をつくることができます。

※学術的背景に興味がある人はTheory「エイミー・C・エドモンドソン『心理的安全』」参照。

時代に求められるのはルールよりもコミュニケーション(Communication)

環境変化のスピードが日に日に速くなっている中で、チームのルールもあっという間に陳腐化する時代になってきました。そもそも、物事に取り組む前から成功のパターンを見出し、細かくルール化することが難しい時代です。

ルールによってコミュニケーションの複雑性を低減させることはいつの時代も同じです。しかし、今の時代においては、ルールよりもコミュニケーションによって臨機応変にチームメンバー同士の連携をはからなければならなくなっています。チームに対して降りかかる予想もつかない様々な問題に対して、その都度メンバーたちが話し合い、知恵を出し合い、乗り越えていく必要があるのです。

しかし、チーム内のメンバー同士のコミュニケーションは以前よりも難しくなってきています。かつては、同じチームを構成するメンバーは「新卒・男性・正社員」という同じ属性であることが多かったです。

しかし、今は以前よりも労働市場の流動性（転職率）も高まり、それと共に企業組織における多様性も高まりました。中途社員や女性社員、契約社員や派遣社員、時には外国籍社員まで様々なメンバーが1つのチームに集まることも珍しくありません。かつてのような近い属性のメンバー同士なら「あ・うん」の呼吸でコミュニケーションできたかもしれませんが、今はかつてよりもはるかに細やかな、相手の価値観や感情に配慮したコミュニケーションが求められているのです。

昨今「1 on 1」という施策が注目されています。月次や週次で実施される上司と部下の1対1の面談を指しており、シリコンバレーでは多くの企業で取り入れられています。日本ではヤフーが全社で導入し、話題を集めました。

1 on 1は人事評価や業務管理のためではなく、部下の成長を支援するための時間として位置づけられています。評価面談などでは上司から部下への一方的なコミュニケーションになりがちですが、1 on 1では部下の話をしっかりと聞くことで、上司と部下の信頼関係を築くことを重視しています。

上司は業務のことだけでなく、部下本人のキャリアやコンディションに関することもしっかりとヒアリングすることで、上司の部下に対する理解が促進されます。また、否定や指示を交えずに、傾聴や支援をすることで職場における心理的安全が生まれます。

多くの企業が1on1に注目しているのは、企業の中でチーム内のコミュニケーションの重要性が増していること、効果的なコミュニケーションのためにチームメンバー同士の相互理解やチーム内の心理的安全がポイントになっていることを表しているのではないかと思います。

チームで1on1を実施する場合は、是非Communicationの法則で紹介した「相互理解」や「心理的安全」を意識して取り組んでみて下さい。

〈コミュニケーション(意思疎通)のトレンド〉

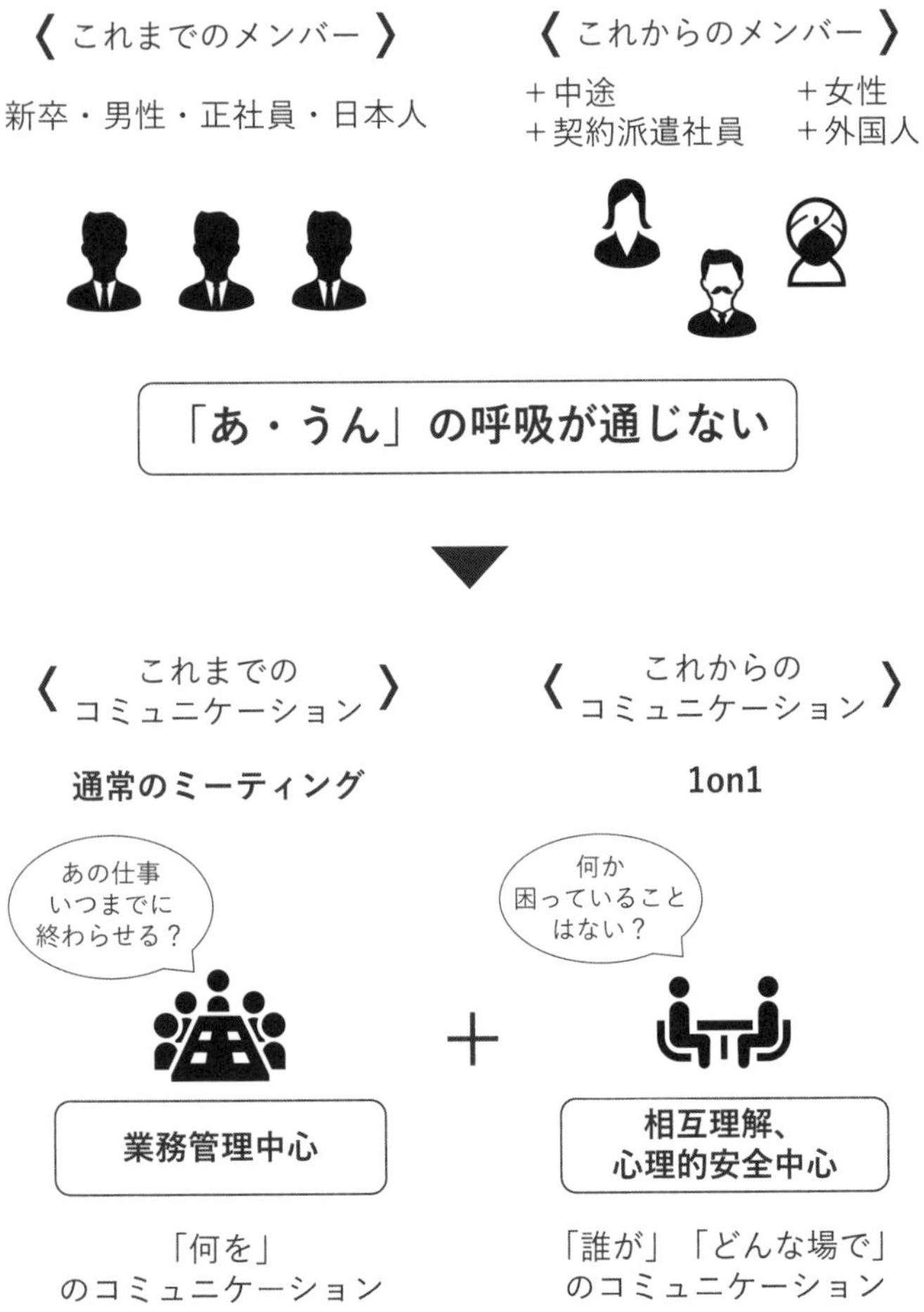
《 これまでのメンバー 》
新卒・男性・正社員・日本人
《 これからのメンバー 》
＋中途
＋契約派遣社員
＋女性
＋外国人
「あ・うん」の呼吸が通じない
《 これまでのコミュニケーション 》
通常のミーティング
あの仕事いつまでに終わらせる？
業務管理中心
「何を」のコミュニケーション
＋
《 これからのコミュニケーション 》
1on1
何か困っていることはない？
相互理解、心理的安全中心
「誰が」「どんな場で」のコミュニケーション

Episode（具体的事例）

「ロンドンオリンピック女子バレーボール 銅メダル」

Communicationの法則の具体的事例をご紹介したいと思います。

2012年のロンドンオリンピックで眞鍋政義監督が率いる女子バレーボールチームは28年ぶりにメダルを獲得しました。

眞鍋監督が就任した当時、チームのコミュニケーションはほとんど機能していない状態だったそうです。眞鍋監督がやりたいバレーボールのビジョンを語っても選手たちは総じて無反応でした。合宿でレシーブが苦手な選手に個人指導をした時には、別の選手から「特別扱いしている」と不満が噴出してしまうほど、チーム内のコミュニケーションはうまくいっていませんでした。

そこで眞鍋監督は、「風通しよく、選手の声に耳を傾ける」をモットーとして掲げ、毎日のように食事をしながら選手の話を聞くことにしました。

また、1週間かけてチームの全員と個人面談を行い、質問を通してひとりひとりの性格を把握しました。また、それを資料としてまとめ、声のかけ方や接し方、適材適所の配置を考えました。そして、選手ひとりひとりの様子をしっかり見られるようにコーチを分業制にし、コーチ陣とは毎日ビールを飲みながら選手の様子を話すようにしたといいます。

チーム内の相互理解に注力し、コミュニケーションの土台を整備したのです。そこからようやく、勝つための戦略や戦術にフォーカスしたコミュニケーションをしていきました。

すると、最初は眞鍋監督からのアプローチに全く無反応だった選手たちが自ら戦術を提案するようになり、今後のキャリアについて積極的に相談してくれるほどに変化しました。

眞鍋監督は「僕は世界で一番選手と対話してきた監督じゃないですかね。これだけは自負しています」と語っています。

これはまさに、チームの内の相互理解が促進されたことによって、メンバーのネガティブな感情が排除され、コミュニケーションがうまく機能するようになった例と言えます。

「ジョン・F・ケネディのキューバ危機回避」

「チームの法則」、そしてCommunicationの法則は、ビジネスやスポーツだけではなく、政治の場面においても活用できます。

1961年、アメリカへ亡命していたキューバ人部隊「反革命傭兵軍」は、祖国キューバのフィデル・カストロ革命政権の転覆を狙っていました。

そこで、ジョン・F・ケネディ米大統領は、反革命傭兵軍をアメリカとして支援するかどうかを政府の要人を集めて議論しました。議論時には、キューバ侵攻の提唱者たちは自分たちの計画のリスクが明らかになるのを恐れて、国務省の中堅職員をチームから外しました。また、公平な立場の専門家に助言を求めることはしませんでした。

結果として、反対意見や議論がなく、重要な前提条件の多くが見過ごされたまま、反革命傭兵軍への支援が決定。作戦は失敗に終わりました（この出来事はピッグス湾事件と呼ばれています）。

敗北した原因をたどると、支援の可否を決める際、反対意見や批判が全くあがらず、十分な検討がなされないまま支援が決定してしまったことに行き着きました。

この事件以降、ケネディ大統領は教訓を活かし、最善な意思決定を行うため、自分たちの議論を効果的なものにする工夫を取り入れました。

会議中は通常の手続きに関する規則や序列を忘れるようにグループに指示しました。また小グループに2つの行動方針案を作成させ、互いの提案に対して詳細な批判文書を作成させました。また、大統領はわざと何回かの会議に出席せず、出席者に率直で忌憚《きたん》のない意見を述べさせました。

そして、最も大きな効果をあげたのが「悪魔の代弁者」という手法です。大統領の側近2人に「悪魔の代弁者（わざと異論を唱える人）」の役割を与え、新しい提案のリスクや弱点を徹底的に分析させました。

結果としてこれらの工夫は適切なディスカッションに繋がり、それをもとにした意思決定は後のキューバ危機の回避に繋がったとも言われています。

このように、あえて反対意見を投げかける役割を設定するのも、心理的安全を生み、建設的な議論をするために有効な手段の1つでしょう。

「ピクサーの初登場連続1位記録」

Communicationの法則の最後に、クリエイティブの世界での具体的事例をご紹介します。

映画制作会社のピクサーは、作品がヒットするかどうかのボラティリティ（振れ幅）が大きく、博打に近い世界と呼ばれることもある映画ビジネスにおいて、継続的に大ヒットを記録することに成功しています。

映画作品は「スティーヴン・スピルバーグ監督作品」のように、監督の名前と紐づけて語られることが多いですが、ピクサーが制作する映画は「ピクサー作品」として語られることが多いです。これは、映画ビジネスにおいてはとても稀なことです。

なぜ監督名よりも会社名が目立っているのかと言えば、ピクサーがうまくチームで作品づくりをできているからに他なりません。誰か1人のトッププレイヤーの才能に依存するのではなく、チームの力を集結させて映画をつくっているのです。

通常の映画制作プロセスでは、監督がストーリーのアウトラインを1人で考え、ある程度まで出来上がってからチームで映画をつくり始めます。

一方ピクサーの場合は、アウトラインをつくる時も1人では考えず、信頼できるメンバー数人がディスカッションしてつくります。また、アウトラインが出来上がった後も、チーム全員で集まって議論を重ねるそうです。チームの力を結集させたことで、再現性を持ったヒットを生んでいるのです。

ピクサーにおける映画制作フローには、チームメンバーのアイデアを引き出す様々な工夫があります。

「ブレイン・トラスト会議」では、作品づくりにおける妥協を排除するため、数か月ごとにスタッフが集まり、制作中の作品を相互評価しています（ただし、監督は必ずしも受けた評価の声に従わなくても良いと取り決められています）。

「デイリーズ」という仕組みでは、所属するアニメーターは全員、未完成の制作物を監督や他のアニメーターに毎日観せることを義務づけられています。

「反省会」では、作品が完成した後にうまくいったこと、いかなかったことをメンバー全員で振り返り、次の作品に向けて教訓をまとめるそうです。

「ノーツ・デイ」ではメンバー全員が集まり、丸一日かけて会社を良くするための意見交換をします。

これらの施策に共通しているのは、チームの中に「心理的安全」を生み出し、チームメンバーが作品に感じている問題点やアイデアを思う存分共有できるようにしていることです。

「心理的安全」がチームのコミュニケーションを活性化させている1つの例です。

Communicationの法則の【まとめ】

チームとして高いパフォーマンスを生み出すためにメンバー同士の効果的な連携は必要不可欠です。効果的な連携は効果的なコミュニケーションから生まれます。

社会全体の流動化・多様化に伴い、異なる前提を持ったメンバーが1つのチームで活動するようになります。「あ・うんの呼吸」は通用しなくなるため、これまで以上にコミュニケーションは重要になってきます。

もしもあなたのチームが「チーム内のコミュニケーションは多ければ多いほど良い」というようなレベルでしかコミュニケーションについて考えられていないのであれば、すぐに戦略的なコミュニケーションを設計して下さい。

まずは適切にルールを設計し、無駄なコミュニケーションをできる限り減らし、効率化を図って下さい。その上で、一見無駄に思えるかもしれない「お互いを理解するコミュニケーション」や「安心して意見を言える場づくりのためのコミュニケーション」に投資して下さい。

そうすることによって相互理解と心理的安全に基づく効果的なコミュニケーションと、それが生み出すメンバー同士の効果的な連携をチームは手に入れることができるのです。

Communicationの法則によって、チームは初めてメンバー同士の相乗効果を生む本当の意味でのチームになることができます。

Action checklist

□そのチームはルールを明確化できているか？

□そのチームはメンバー同士がお互いの過去や特徴を理解するような機会を持てているか？

□そのチームは問題やアイデアをメンバーが安心して共有できる雰囲気をつくれているか？

□あなたはチームメンバーの過去や特徴を踏まえたコミュニケーションを取れているか？

□あなたはチームメンバーに恐れや迷いなく自分が感じる問題やアイデアを発信できているか？

第4章

Decision

（意思決定）

の法則

［進むべき道を示せ］

【Decision】

不可算名詞／①決定、決断　②決心、決意

どんなチームにも「分岐点」は絶え間なく訪れる。
どちらに舵を切るのか、
その決断がチームの命運を決める。

Method(法則)

誰も教えてくれない意思決定の正しい方法

チームでの活動に限らず、物事の成否に意思決定は大きく影響します。

私たちが取り組むすべての活動は決断の積み重ねによって成り立っています。

あなたが今、この本を読んでいるのも無数の決断の結果です。

もしもあなたがあの時書店に立ち寄らなかったら、もしもあなたがあの時書店で別の本を買っていたら、もしもあなたがこの時間を他のことに使っていたら、今あなたはこの本を読んでいません。

私たちは時折、非常に難しい決断を迫られます。

進学、就職、結婚……。

様々な人生の岐路における意思決定によって、私たちがどんな人生を送るのかは決まります。

個人にとって意思決定は時に難しいものですが、チームにおける意思決定は個人におけるそれよりもはるかに難しいものです。

当たり前のことですが、チームにとっての意思決定場面においては、メンバーによってどの選択肢を選ぶかが異なるからです。

「三人寄れば文殊の知恵」は「一人で考えるよりも、複数人で話し合った方が良いアイデアや結論が出る」という意味のことわざですが、社会心理学にはこれに真っ向から反論し、複数人が集まると、不適切な意思決定をしてしまうという説すらあります。

学校でも会社でも、意思決定について理論的・体系的に学ぶ機会は残念ながらほとんどありません。Decisionの法則ではチームとして迅速に、また適切に、意思決定をするための方法を解き明かしていきたいと思います。

※学術的背景に興味がある人はTheory「アーヴィング・ジャニス『集団浅慮（グループシンク）』」参照。

「独裁」VS「多数決」VS「合議」

ここで多くの人が抱いているチームに関する誤解を紹介したいと思います。

「みんなで話し合って決めるのが良いチームだ」

果たしてそうでしょうか？

チームの意思決定には3つの方法があります。

1つ目は「独裁」。
チームの中の誰か1人が独断で意思決定するやり方です。

2つ目は「多数決」。
いくつかの選択肢を提示した上で、チーム全員の意思を問い、多数の賛同を得た選択肢に決定するやり方です。

3つ目は「合議」。
チーム全員で話し合って結論を導くやり方です。

皆さまはどの意思決定方法が優れていると思いますか？
これらの意思決定方法は、必ずしもどれか1つが優れているというわけではありません。
それぞれに一長一短のメリット・デメリットが存在します。

どの意思決定方法を選ぶかによって、「メンバーの納得感の得やすさ」と「意思決定にかかる時間の長さ」が変わってきます。

「独裁」は、意思決定者以外は誰も最終的な決断に関与しないので、当然最もメンバーの納得感が得にくい方法です。逆に1人が独断で決めるため、最も時間がかからない意思決定方法です。

一方で「合議」はメンバーが意思決定に関与するため、最もメンバーの納得感が得やすい反面、みんなで話し合って決めるため、最も時間がかかる意思決定方法です。

我が国では多くの人が民主主義の中で育ってきており、意識的・無意識的に「みんなで決めることが良いことだ」と考えている傾向があります。

しかし、

「みんなで話し合って決めるのが良いチームだ」

というのは、スピードが求められるような場面では十分に機能せず、

「誰かが独断で決めるのが良いチームだ」

ということも大いにあり得るのです。

多くのチームで、あるメンバーは「みんなで話し合って決めたい」と考えているが、リーダーは「自分1人で決めた方が上手くいく」と思っている、というようなすれ違い

が生じています。このような意思決定に対するチーム内のスタンスのズレは、メンバーの不満やストレスに繋がります。

チームで意思決定をする際には、議論や検討を始める前にどの意思決定方法を用いるかを決める、ということが非常に重要です。

その上で、用いた意思決定方法のメリット・デメリットを十分に理解し、そのデメリットをできる限り減らせるような働きかけをすることが大切です。

実際の意思決定には、合議を尽くした上で決まらなければ独裁で決める、など複数の意思決定方法を組み合わせて用いることも多いですが、それもそれぞれの意思決定方法のメリット・デメリットを知っていれば、より効果的に組み合わせて用いることができるでしょう。

〈意思決定の3分類〉

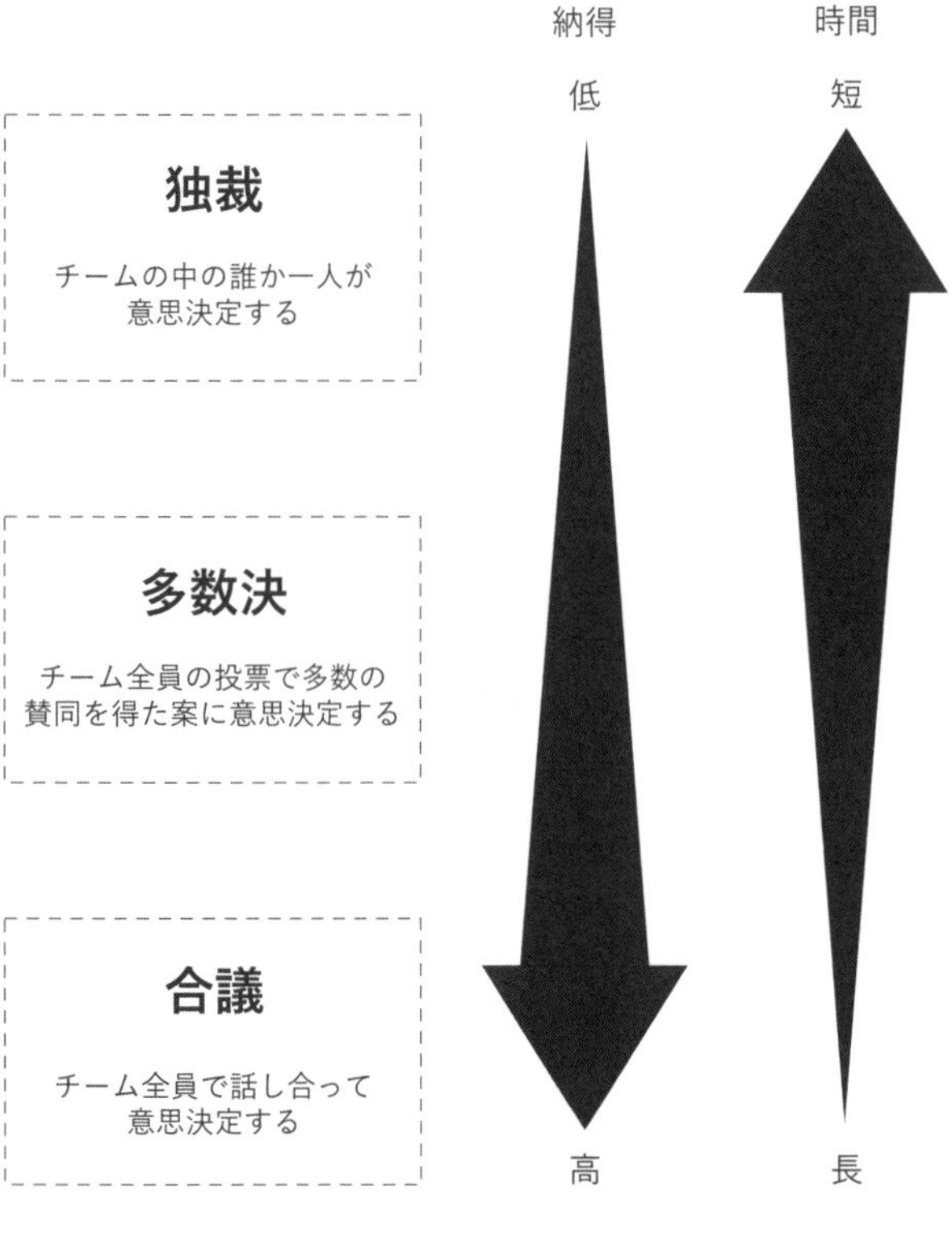
納得
時間
低
短
独裁
チームの中の誰か一人が意思決定する
多数決
チーム全員の投票で多数の賛同を得た案に意思決定する
合議
チーム全員で話し合って意思決定する
高
長

合議はスピードとセット

まずは意思決定方法の1つである合議がどのようにすれば効果的に進むかを紹介したいと思います。

合議の最大のデメリットは意思決定に時間がかかることですので、どうすればスピーディに意思決定できるのかを考える必要があります。

社会心理学者のチャールズ・ケプナーと社会学者のベンジャミン・トリゴーは問題解決と意思決定の思考プロセスを体系化したKT法(正式名称:ケプナー・トリゴー・ラショナル・プロセス)を考案しました。

彼らはアメリカの空軍の実際の問題解決や意思決定を研究し、優れたスタッフには職位やキャリアに関係なく、行動に移る前に共通した思考プロセスが存在することを発見しました。

KT法は「状況把握(SA:Situation Appraisal)」「問題分析(PA:Problem Analysis)」「決定分析(DA:Decision Analysis)」「潜在的問題・潜在的好機分析(PPA:Potential Problem/Opportuni ty Analysis)」の4つで構成されています。

その中でも、決定分析（DA）は、複数の選択肢の中から最適案を決定するプロセスです。

DAでは、合議をスピーディにするために最初にすべきこととして、選択肢を選ぶための基準を出すことを定めています。

次にすべきことはその選択基準に優先順位をつけることです。そして、その選択基準を満たすであろう選択肢を複数出します。

そして最後に、優先順位の高い選択基準に合致する選択肢を選びます。

ついつい選択肢同士を比較して、どちらを選ぶべきかの議論をいきなり始めてしまいがちですが、それではいつまで経っても結論が出ないことがあります。

また、結論が出たとしても、そのような合議の仕方では何故その結論に至ったかが明快にならない場合があります。

例を出して考えてみましょう。

リンクアンドモチベーションで展開する組織改善クラウド「モチベーションクラウド」のテレビCMに起用するタレントを合議で決めなければいけないとします。

最初にやるべきなのは選択基準をあげることです。TVCMの目的はより多くの人にモチベーションクラウドを知ってもらい、導入に繋げることですので、モチベーションクラウドの顧客ターゲットへの認知度は起用するタレントの選択基準になります。ただしやみくもに認知度を高めれば良いわけではなく、モチベーションクラウドが培ってきたブランドイメージに合致したタレントが好ましいでしょう。そして勿論、費用が安いのに越したことはありません。「ターゲットへの認知度」「ブランドとの合致度」「コスト」を選択基準と定めます。

そして、3つの選択基準のうち、どれの優先順位が高いかを決めます。

モチベーションクラウドは企業向けのサービスであり、顧客企業で導入を決めるのは経営層や人事関係者、現場責任者などの層です。そのターゲット層に認知度が低いタレントは起用できません。最も優先順位が高い選択基準をターゲットへの認知度としました。

一方でモチベーションクラウドは収益性の高いサービスなので、多少のコストがかかったとしても、テレビCMの効果さえ出ればコストは回収できます。最も優先順位の低い選択基準をコストだと決めました。

次に選択基準を満たしそうな選択肢を出します。例えば、人気若手女優、大物俳優、人気芸人を選択肢にあげたとします。

最後に、選択肢について、それぞれの選択基準に基づいて評価をつけます。

← STEP3　選択肢を出す →

STEP1　選択基準をあげる

STEP2　優先順位を付ける

		人気若手女優	大物俳優	人気芸人
優先順位①	ターゲットへの認知度	◎	◎	△
優先順位②	ブランドとの合致度	△	○	△
優先順位③	コスト	○	△	◎

「ターゲットへの認知度」「ブランドとの合致度」「コスト」の3つの選択基準をもとに人気若手女優、大物俳優、人気芸人に評価をつけたところ、大物俳優は優先順位の低い選択基準であるコストという観点の評価は低いものの、優先順位の高い選択基準であるターゲットへの認知度という観点の評価が高いので、大物俳優に決める、という流れです。

ここで選択基準の優先順位を決める前に、選択肢同士の比較を始めると時間がものすごくかかってしまいます。

あるメンバーは人気若手女優を、あるメンバーは大物俳優を、あるメンバーは人気芸人をそれぞれの理由で推薦していると、意思決定するまでに日が暮れてしまうかもしれません。

また、たとえ決まったとしても、何故その選択肢に決めたのかを再現性を持って説明できない可能性があります。

チームによる合議をスピーディに、再現性を持って進めるためには、選択肢同士ではなく、まず選択基準と優先順位を決めるべきだ、というのを是非覚えておいて下さい。

「正しい独裁」はチームを幸せにする

チームにおける意思決定については、「みんなで話し合って決めるのが良いことだ」と思っている方が多いような印象を持っています。

世界の歴史において、かつては血統によって決まった王様や皇帝、将軍によって治められてきた国の統治システムを、「民主化」によって民衆の手に取り戻してきたからかもしれません。

しかし、「みんなで話し合って決める」合議という意思決定方法の最大のデメリットは、時間がかかるということです。

逆に、リーダーが最終的な意思決定を下すのでも良いですし、領域によって誰か意思決定する人を予め決めておくのでも良いですが、「誰か1人で決める」独裁という意思決定方法は圧倒的に「速さ」を担保することができます。

昨今は環境変化のスピードが速くなり、意思決定に時間がかかることはビジネスにおける致命傷となってしまう状況になってきています。

この数十年の中で日本企業の時価総額ランキングで上位にランクインしたソフトバン

クやファーストリテイリング（ユニクロ）は孫さんや柳井さんというオーナー経営者がトップダウンでスピーディに意思決定していることも、ビジネスにスピードが求められていることの象徴だと言えるでしょう。

では、独裁という意思決定手法はどのようにすればうまくいくのでしょうか？

独裁というのは決して誰からも情報収集せずに、誰からの意見も聞かずに決めるということではありません。

意思決定者が必要な情報を十分に集め、様々な角度からの意見を聞いた上で決めることは、意思決定の精度を高めるために非常に重要です。

しかし、その上で大切なことは、「良い意思決定」「正しい意思決定」にとらわれすぎずに、「強い意思決定」「速い意思決定」を意思決定者が心がけることです。

今、2つの選択肢からどちらかを選ぶという意思決定をしなければならないとします。

多くの場合、それぞれの選択肢を選ぶメリットの大きさとデメリットの大きさは拮抗しています。

例えば、バレーボール部の練習メニューについて考えてみましょう。

「レシーブ練習よりもスパイク練習が多い方が良い」というようなメリットとデメリッ

トのどちらが大きいのかについて意見が分かれるようなことにこそ、意思決定が必要になります。

「チームのメンバーができる限りサボらずに練習に来た方が良い」というような明らかにメリットの方がデメリットよりも大きいようなことは意思決定の対象にすらなりません。

極論を言うと、チームとしての意思決定を迫られるのは、メリットが51％あり、デメリットが49％あるようなことに対してだけだと言っても過言ではありません。

だとすれば、どちらの選択にメリットが51％あり、どちらの選択にメリットが49％しかないのかということを思い悩むよりも、迅速に意思決定した方が良いでしょう。速く意思決定した分、実行のための時間を稼げるからです。ソフトバンクの孫さんはファーストチェス理論というものを意思決定時に用いていると言われています。ファーストチェス理論とは、チェスにおいて「5秒で考えた手」と「30分かけて考えた手」は、実際のところ86％が同じ手なので、できる限り5秒以内に打った方が良いという考え方です。この考え方をもとに、とにかく速く意思決定をしていると言います。

「良い意思決定をしよう」「正しい意思決定をしよう」と考えるとどうしても時間をかけすぎてしまいますが、意思決定者は前記のような考えを頭に入れ、「強く」「速く」1人で決断する、ということが大切です。

チームの中で賛成、反対の両方のメンバーが存在すると、時に意思決定者は反対意見を持つメンバーのことを気にしてなかなか決められないという状況が生まれることがあります。

しかし、意思決定者は孤独を恐れず、チームのために迅速に力強く意思決定しなければなりません。もしもあなたのチームが速く、強い決断に慣れていないのであれば、まずは会議の中で小さな決断を先送りにすることをやめましょう。「意思決定」という視点で会議をチェックしてみると、「今後検討していきましょう」「あのメンバーに確認して決めます」という形でちょっとした決断を先送りしているものです。「その場で決める」ことを意識して会議に臨むだけで、チームの意思決定力は格段に上がるはずです。

また、意思決定は意思決定そのものよりも、意思決定後に選んだ選択肢をどれくらい着実に実行し、正解にできるかどうかが重要です。そうすれば51％しかなかったメリットが、60％、70％と増えていくからです。

しかし、多くのチームで、意思決定したことについてメンバーたちが「本当はこちらの選択肢の方が良かったのではないか」「何故、こちらの選択肢を選んでしまったのか」というような不満を漏らし、きちんと実行がなされないということが起きています。

意思決定するまでに意思決定者に情報や意見を伝えたり、議論を尽くすことは勿論必要ですが、一度意思決定がなされたのであれば、その意見について「自分は本当はこう思っていた」などと考え、話すことは効果的ではありません。

多くの意思決定には51％のメリットと49％のデメリットがあることを意思決定者だけでなく、チームメンバーが理解し、意思決定者の決断を自分たちの手で正解にする気概が重要です。

独裁による意思決定を成功させるのは、意思決定者だけではなく、その意思決定を実行するチームメンバー全員なのです。

意思決定者は反対や孤立を恐れずに、１人で決めよ。

しかし、メンバーは意思決定者を孤独にするな。

チームにおける意思決定をする上でとても大切なことです。

独裁者が持つべき「影響力の源泉」

ここまでで、

「チームの意思決定の成否はリーダーの決断で決まる」

というのは間違ってはいませんが、

「チームの意思決定の成否は、決断後のメンバーの実行度合いで決まる」

もまた真実だとお伝えしました。


意思決定者以外のメンバーが意思決定に賛同し、実行するかどうかは、「どのような意思決定なのか？」だけではなく、「誰が意思決定者なのか？」にも影響を受けます。

同じことを言われても、Aさんの言うことは聞きたくなるが、Bさんの言うことは聞きたくならない場合、AさんはBさんよりも「影響力」が高い、と言えるでしょう。

では、その「影響力」の源泉はいったい何なのか？


「影響力」には5つの源泉があります。

1つ目は「専門性」。メンバーに「すごい」と思われる技術や知識を持っていること。

2つ目は「返報性」。メンバーに「ありがたい」と思われる支援や関与をしていること。

3つ目は「魅了性」。メンバーに「すてき」と思われる外見的・内面的魅力を有していること。

4つ目は「厳格性」。メンバーに「こわい」と思われる規律や威厳を持っていること。

5つ目は「一貫性」。メンバーに「ぶれない」と思われる方針や態度を持っていること。

チームのメンバーの意思決定への態度は、意思決定者がこれら5つの影響力の源泉を持っているかどうかによって大きく影響をうけます。

「専門性」「返報性」「魅了性」「厳格性」「一貫性」を有したメンバーを意思決定者にする、意思決定者がこれらの影響力の源泉を持てるように自分を成長させる、などにより、意思決定にメンバーが賛同・実行してくれるようになり、意思決定の成功確率はあがると言えるでしょう。

※学術的背景に興味がある人はＴｈｅｏｒｙ「ロバート・Ｂ・チャルディーニ『影響力の武器』」参照。

Episode（具体的事例）

「NASA アポロ11号 月面着陸」

Decisionの法則の具体的事例を紹介します。

1969年、アポロ11号は人類初の月面着陸を成功させました。人類で初めて月面に降り立ったニール・アームストロング船長は「1人の人間にとっては小さな一歩だが、人類にとっては偉大な躍進だ」という有名な言葉を残し、多くの人々を感動させました。

そもそも、アメリカの宇宙開発は当初、ソ連に後れを取っており、史上初の有人宇宙飛行は「地球は青かった」の言葉で有名なソ連の宇宙飛行士ユーリ・ガガーリンを乗せたボストーク1号で成し遂げられます。

アポロ計画はアメリカがそのような後れを挽回するため、NASA（アメリカ航空宇宙局）によって1961年から1972年にわたって取り組まれた宇宙開発プロジェクトです。

結果として、アポロ計画はアポロ11号の初の月面着陸の後も全6回の有人月面着陸を実現し、人類史に残る科学技術の偉大な業績としてもしばしば引用されるほどの大成功を収めました。

NASAのアポロ11号月面着陸チームでは意思決定において、常に「選択基準を何にするか」から検討されたそうです。

「打ち上げの時期をいつにするか」「どの会社の部品を使うか」「ある部品にいくらの費用をかけるか」など、多くの意思決定において「どの案を選択するか」ではなく、「どの選択基準の優先順位が高いのか」を検討することにより、迅速で再現性のある意思決定を積み重ねていきました。

その後、この意思決定方法はDecision Analysisという手法として体系化され、意思決定の教科書にも載るようになりました。

「シンガポールの経済成長」

もう一つ、Decisionの法則の具体的事例を紹介します。

シンガポールは広大な国土や豊富な資源に恵まれていない小さな島国であるにもかかわらず、１９６５年の独立以降、目覚ましい経済成長を遂げました。独立の前から含めて50年間で毎年平均７・８％成長、２０００年代でも５％を超える成長率。直近の20年間でも名目ＧＤＰが４・３倍に成長していると言います。今やシンガポールの１人あたりＧＤＰは、日本を上回るまでになっています。

シンガポールは民主主義国家ですが、実際はシンガポール初代首相であるリー・クアンユーによる独裁が行われていました。リー・クアンユーは「どの国も経済発展の後に民主主義があり、民主主義によって経済が発展することはない」という分析をしています。そして、野党を徹底的に弾圧して31年間独裁政権を維持し続けました。野党候補を当選させた地区には政府支援などで不利益を被るようにしたことすらあるほどです。アジアの独裁政権というと北朝鮮が想起されることが多いことから、「明るい北朝鮮」と揶揄《やゆ》ぎみに表現されることもあります。

リー・クアンユーによる独裁政権のもと、シンガポールは経済成長のために必要な政策をダイナミックに意思決定していきます。

経済政策においては、外資系企業の誘致のために、空港・港湾・道路・通信ネットワークなどのインフラを政府のリーダーシップのもとに次々と構築していきました。教育政策においては、厳しい能力主義的な選別教育システムや英語エリート教育を導入し、シンガポール最大の資源である人材を育成していきました。

外資系企業に門戸を開こうとすると、自国の産業が育たないのではないか、自分たちの仕事が奪われるのではないかという懸念が国民の間に生まれます。また、選別教育システムは選ばれなかった人材からの反感を生みます。

しかし、リー・クアンユーは「志を持てば人気取りは必要ない」とまで言い切り、必要とあれば不人気な政策を打つことも厭《いと》いませんでした。

リー・クアンユーの独裁という意思決定手法は、シンガポールの発展に大きく貢献したと言えるでしょう。独裁に良い印象を持たない人が多いかもしれませんが、状況によっては独裁は絶大な効果を発揮することを知って頂く良い事例だと思います。

Decisionの法則の【まとめ】

チームのパフォーマンスはメンバーの活動の積み重ね以上に、要所要所でのチームとしての意思決定で決まります。

もしもあなたのチームが意思決定という行為を軽んじているのであれば、チームは間違った方向へと進んでいってしまうでしょう。

まず、どのような方法で意思決定するかを意思決定する。

リーダーはメンバーの反発を恐れずに大胆に決断する。

そして、自分たちのチームの決断を、メンバー全員で正解にしていく。

このような意思決定に対する適切なスタンスをチームメンバー全員で共有することにより、意思決定の精度は飛躍的に向上します。

その時、あなたのチームは進むべき道を力強く切り拓いていけるチームへと進化しているはずです。

Action checklist

□その チームは状況に応じて最適な意思決定方法を選択できているか？

□そのチームはスピーディに再現性のある議論ができているか？

□そのチームは意思決定者が孤独を恐れず決断できているか？

□あなたはリーダーの意思決定を自らの手で正解にすべく活動できているか？

□あなたは決断が必要なタイミングで「強く」「速く」意思決定できているか？

第5章

Engagement

（共感創造）

の法則

［力を出しきれ］

【Engagement】

可算名詞／①婚約　②約束

メンバーがチームで活動し続けるのは
当たり前のことではない。
そこにはメンバーとチームの「絆」が必要だ。

Method(法則)

超一流でもモチベーションに左右される

ここでもチームに対する誤解を紹介したいと思います。

「プロはモチベーションに左右されない」


果たしてそうでしょうか?

チームで活動するメンバーは様々なモチベーションを持っています。

モチベーションは「動機づけ」と訳されることが多いですが、「動機」を更に辞書で調べると「行動を引き起こす意識的・無意識的原因」とあります。ここではモチベーションを「ある行動を選ぶ理由」と定義したいと思います。

今日、バレーボール部のあるチームメンバーが練習に参加していたとします。そこには意識的・無意識的にかかわらず、「モチベーション」が存在します。この場合の「モチベーション」は「そのチームの練習に参加する理由」です。

毎日そのチームの練習に参加をすることが当たり前になると、そこにモチベーションは存在しないように錯覚することもありますが、理由もなくチームで活動をするメンバーなど存在しません。

メンバーにはバレーボール部の練習に参加をする以外に、様々な行動の選択肢があります。例えば、練習をせずに遊びに行く、他の部に移籍して活動をする、などです。他の選択肢がありながら、「そのチームの練習に参加する」という行動を選択している以上、そこには「理由」つまりは「モチベーション」が存在します。

また「モチベーション」はある／なしだけではなく、高い／低いがあります。バレーボール部の練習において、ある練習方法Aは「プレイは上達するが、練習は大変」、ある方法Bは「プレイはそこまで上達しないが、練習が楽」であるとします。方法Aを選択することが、チーム活動に対するモチベーションが高いと一般的には言われます。「チームの練習に参加して、高い『成果』をあげる行動を選ぶ」ということへの理由があることが、チームの練習へのモチベーションが高い、と言えるでしょう。

どんなプロフェッショナルも、その活動はモチベーションに左右されます。

「環境の変化にモチベーションが影響を受けないようにする」という意味でのセルフモチベーションコントロールの術はすべてのプロフェッショナルに求められることです。しかし、どんなプロフェッショナルであれ、少なからずモチベーションには左右されます。

例えば、どれだけセルフモチベーションコントロールに優れたスポーツ選手でも、観客がいなくなり、監督は理不尽で、チームメイトと不仲であればモチベーションは下がるはずです。「いや、それでもプロとして練習や試合に高いモチベーションで臨むべきだ」と主張される方もいらっしゃるかもしれません。では、年俸がゼロになったとしても同じことが言えるでしょうか？　もしくは野球選手にサッカーをやらせたとしてもモチベーションが下がらずにいられるでしょうか？　どんなプロフェッショナルでもそのような状況で高いモチベーションを維持することは難しいはずです。「些細なことでモチベーションを下げないようにする」ことと「モチベーションの存在を認めない」ことは別のことです。

人間は機械ではないので、無意識的なものまで含めれば、行動に理由、つまりは「モチベーション」がないということはあり得ないはずです。

「プロはモチベーションに左右されない」

のではなく、

「すべてのチームメンバーがモチベーションに左右される」

というのは、すべてのチームにあてはまることなのです。

冒頭に、チームメンバーには様々なモチベーションがある、と述べました。「練習をせずに遊びに行く」「他の部に移籍して活動をする」などに対するモチベーションも持っています。しかし、その中でも、チームづくりにとって大切なのは、「チームの活動に参加し、チームとしての成果に貢献する行動を選ぶ」ことに対する「モチベーション」です。

人事の関連用語では、チームに貢献しようとするモチベーションを、他のモチベーションと区別する意味合いもあり、「Ｅｎｇａｇｅｍｅｎｔ＝エンゲージメント」と呼んでいます。

「エンゲージメント」は直訳すると「婚約」ですが、「チームとメンバーの結びつき」だと捉えるとイメージしやすいと思います。

Ｅｎｇａｇｅｍｅｎｔの法則では、効果的なエンゲージメント、チームに対する貢献意欲の高め方を解き明かしていきたいと思います。

モチベーションを科学する〜気合いで人は動かない〜

チームメンバーのモチベーションに関する誤解の1つに、

「メンバーのモチベーションを高めるためにはリーダーが情熱的に語りかけることが大切だ」

というものがあります。

特に日本においては、モチベーションを「気合」や「根性」のようなものと混同されることも多く、ひどい場合には「気合を入れろ！」「根性はあるのか！」「モチベーションを上げろ！」と言っていればチームメンバーのモチベーションやエンゲージメントが高まると思っている方もいらっしゃいます。

しかし、それは適切なアプローチではありません。

メンバーのチームに対するエンゲージメントを高めるためには何が大切なのでしょうか？

マーケティングでは、顧客の自社に対する購買意欲を高めるための4Pという考え方があります。

Product（製品）、Price（価格）、Place（流通）、Promotion（広告・宣伝）の4つです。

同じように、エンゲージメントを高めるための4Pがあります。

Philosophy（理念・方針）、Profession（活動・成長）、People（人材・風土）、Privilege（待遇・特権）の4つです。

例えば、大学入学後にサークルを選ぶ場面を思い浮かべて下さい。あなたがサッカーや野球などの他のスポーツよりもバレーボールが好きだから、バレーボールサークルに入ろうとしたとしましょう。これはバレーボールという活動の魅力、つまりProfession（活動）の魅力に惹かれているということになります。

そして、活動は同じバレーボールでも、日本一を目指して試合に臨むサークルAではなく、バレーボールを和気あいあいと楽しむことを目指しているサークルBを選んだ場合は、それはそのチームのPhilosophy（方針）に魅力を感じたからと言えるでしょう。

同じように、和気あいあいと活動するバレーボールサークルの中でも、気が合いそうな先輩たちがいるサークルCを好んで入ったとしたら、これはPeople（人材）に基

〈エンゲージメント（共感創造）の4P〉

づいて選んでいます。

自分と波長が合いそうな先輩たちがいるバレーボールサークルの中でも、有名企業に送り出した人数が多いサークルＤがあり、「就職に有利そうだ」という理由からそのサークルを選んだとしたらＰｒｉｖｉｌｅｇｅ（特権）に影響を受けていると言えます。

部活でもサークルでも会社でも、自分が参加するチームを選ぶ際には、４Ｐのいずれかに魅力を感じて選んでいるはずです。

チームのエンゲージメントを高めるためには、この４Ｐの魅力を高めることが必要です。

一方で自分がモチベーション高く活動できるチームを見極めるためには、まずは自らが４Ｐのうちのどれに魅力を感じるかを明確にすること。そして、その観点から魅力を感じるチームを選ぶことが重要になります。

チームのどこに共感させるか

チームとしてのエンゲージメントの総量を高めるために、4Pのどれでエンゲージメントを高めるのかを戦略的に絞り込むことは有効なアプローチです。チームの資源（お金や時間）は有限ですので、メンバーが求めるものに無制限に応えていくことはできません。むしろ、どんなことには応えて、どんなことには応えないかという戦略的な資源配分が必要です。

例えば、あるチームのPhilosophy、Profession、People、Privilegeの魅力がそれぞれ70だったとします。ここに4人のチームメンバーが集まりました。AさんはPhilosophyによってエンゲージメントが高まるタイプ、BさんはProfessionによってエンゲージメントが高まるタイプ、CさんはPeopleによってエンゲージメントが高まるタイプ、DさんはPrivilegeによってエンゲージメントが高まるタイプだとします。この場合、4人ともエンゲージメント度合いは70になり、チームとしてのエンゲージメントの総量は70×4＝280となります。

もう1つのチームはPhilosophyの魅力が100、Profession、People、Privilegeの魅力がそれぞれ60だとすると、エンゲージメントの総量は先ほどのチームと同じです。しかし、4人ともPhilosophyによってエンゲージメントが高まるタイプだとします。この場合、4人ともエンゲージメント度合いは100になり、チームとしてのエンゲージメントの総量は400となります。

勿論、チームとして4Pすべてのエンゲージメントを最大限高めることに越したことはありません。しかし、エンゲージメントを高めるためには時間やお金などの投資が必要になります。エンゲージメントという観点から投資対効果を高めるためには、4Pのうちのどれをチームの一番の魅力にするかを定め、そのPをエンゲージメントの源泉とするメンバーを集め、そのPに絞って魅力を高めることが重要です。

例えば、マッキンゼー、リクルート、ディズニー。これらの企業で働く社員の自社や顧客への貢献意欲の高さ、つまりはエンゲージメントの高さは様々なメディアで紹介されています。外から見ていて、これらの企業にはある共通点があるように私は感じます。それは、「社員のエンゲージメントの源泉」「提供している4P」にエッジが立っているということです。

マッキンゼーはProfession（活動・成長）の魅力で束ねています。多くの社員が「若いうちから難しくて、大きくて、新しい仕事ができる」という動機で働いています。自分がどんな案件を担当するかということの方が、どんな同僚と働くかよりも大切だと考える社員が多い印象です。

一方、リクルートはPeople（人材・風土）の魅力で束ねてきたように感じます。少し上の世代のリクルートの社員の方々に入社動機を聞くと、ほとんどの人が「魅力的な先輩がいたから」と仰います。一方で「情報メディアの仕事がやりたかったから」という方はほとんどいらっしゃらない印象です。

またリクルートの社員の方々は「上司が部下を『握る』」という独特の言葉を使われる時がありますが、職場の人間関係によってモチベーションをドライブさせていることを象徴している言葉だと感じます。

そしてディズニーはPhilosophy（理念・方針）の魅力で束ねているように見えます。「夢の国」「ハピネス」「ファミリー・エンターテインメント」などのコンセプトに惹かれて働いている人が多く、ディズニーで働けるのであれば施設や職種、給与は問わないという人もいらっしゃるように感じます。

4Pのどれで束ねるかはそれぞれにメリット・デメリットがあります。Professionで束ねる場合は、メンバーにどのような仕事の機会を提供するかというアサイン

〈どちらのチームのエンゲージメント総量が大きいか〉

〈 チーム X 〉

	メンバーの期待		チームの魅力	
メンバー	A：Philosophy	↔	Philosophy	70
メンバー	B：Profession	↔	Profession	70
メンバー	C：People	↔	People	70
メンバー	D：Privilege	↔	Privilege	70

エンゲージメント総量　280 (=70×4人)

〈 チーム Y 〉

	メンバーの期待		チームの魅力	
メンバー	E：Philosophy	↔	Philosophy	100
メンバー	F：Philosophy	← Philosophy	Profession	60
メンバー	G：Philosophy	← Philosophy	People	60
メンバー	H：Philosophy	← Philosophy	Privilege	60

エンゲージメント総量　400(=100×4人)

メント（役割分担や機会提供）には気を使う必要がありますが、リーダーとメンバーの業務外での懇親などのコミュニケーションコストは削減できる傾向があります。

逆にPeopleで束ねる場合は、コミュニケーションコストの投下は必要ですが、メンバーの志向を気にせずに役割分担や機会提供をしやすい傾向があります。

Philosophy型はアサインメントコストやコミュニケーションコストが低そうですが、それぞれのメンバーの目標がチームの目標とどのように接続されているかというゴールセッティングが重要になる傾向があります。また、Philosophyと合致しない新しい取り組みなどはメンバーから受け入れられにくいことが予想されます。

4Pのすべてを提供しようとすると、コミュニケーション、アサインメント、ゴールセッティングなどのすべてのコストを大きく負担しなければならなくなります。

しかし、ここであげた企業は、社員にどんな魅力を提供し、また逆に提供しないのかという戦略が明確なので、エンゲージメント向上に対する投資効率が非常に高いと感じます。

また、これらの企業がエンゲージメント戦略という点で素晴らしいのは、働いたことのない私たちでも、マッキンゼーはProfession、リクルートはPeople、ディズニーはPhilosophyの魅力で束ねていると何となく感じられることです。エンゲージメントを束ねる軸が4Pのどれなのかというのが非常に明確なため、社内だけでなく社外にも魅力が伝わっています。結果として、応募者とのミスマッチ防止に繋がり、エンゲージメント効果を生んでいます。

勿論、どのPもある程度の魅力は必要で、その魅力が20や30だと、いかに自分が大切だと思っているPの魅力が高くても、エンゲージメントは高まりません。

しかし、チームとしてどのPでメンバーのエンゲージメントを高め、束ねていくかを戦略的に定め、チームづくりに取り組んでいくことは有効です。もしもあなたのチームが「何に共感して、メンバーたちはチームで活動しているのか？」が不明確なのであれば、エンゲージメントを高める軸を明確にして下さい。

これから新たにチームに加わるメンバーに、チームとしてメンバーに提供できる魅力と、提供できない魅力がハッキリと語れるようになれば合格です。

※学術的背景に興味がある人はTheory「レオン・フェスティンガー『集団凝集性』」参照。

エンゲージメントを生み出す方程式

エンゲージメントは目に見えないため、感覚的に扱われがちですが、エンゲージメントには方程式があります。

エンゲージメント＝報酬・目標の魅力（やりたい）×達成可能性（やれる）×危機感（やるべき）

例えば、駅伝選手のエンゲージメントを考えてみましょう。途中の道のりが苦しくても、チームの勝利に貢献しようとエンゲージメントを保ち、乗り越えられるのは、駅伝で優勝した後の栄光を思い浮かべたり（報酬・目標の魅力）、まずは次の１㎞を３分で走ろうと考えたり（達成可能性）、自分が後れを取ったら他の選手に申し訳が立たないと思ったり（危機感）するからです。

報酬・目標の魅力（やりたい）、達成可能性（やれる）、危機感（やるべき）はそれぞれＷＩＬＬ、ＣＡＮ、ＭＵＳＴと言い換えられることがあります。

先程ご紹介した４Ｐそれぞれに、この方程式をどうあてはめるかを考えてみたいと思います。

ディズニーのようなＰｈｉｌｏｓｏｐｈｙ型のエンゲージメントの場合は、例えば「ハピネスを日本中の人々に提供する」というゴールを定めたら（報酬・目標の魅力）、途中の目標を「１０００万人、２０００万人、３０００万人の来客を集める」などのプロセスに分けます（達成可能性）。そして、ゴールやプロセスへの貢献が少なければ組織に所属できなくなるなどのペナルティを課します（危機感）。

マッキンゼーのようなＰｒｏｆｅｓｓｉｏｎ型のエンゲージメントの場合は、例えば「企業を変革するプロジェクトを実現する」というゴールを定めたら（報酬・目標の魅力）、プロジェクト内の役割をアソシエイト、コンサルタント、プロジェクトマネジャーなどのプロセスに分けます（達成可能性）。そして、自分に割り振られた役割に見合った貢献ができなければ役割が制限されるなどのペナルティを課します（危機感）。

リクルートのようなＰｅｏｐｌｅ型のエンゲージメントの場合は、例えば「一体感のある組織をつくる」というゴールを定めたら（報酬・目標の魅力）、職場内の役割をリーダー、マネジャー、ゼネラルマネジャーなどのプロセスに分けます（達成可能性）。そして、貢献ができなければ職場で賞賛される機会をなくしていくなどのペナルティを課します（危機感）。

Privilege型のエンゲージメントの場合は、「年収1500万円になる」というゴールを定めたら（報酬・目標の魅力）、給与ステップを年収800万円、1000万円、1200万円などのプロセスに分けます（達成可能性）。そして、貢献が少なければ昇給や賞与が少なくなるなどのペナルティを課します（危機感）。

「メンバーのエンゲージメントを高めるためにはリーダーが情熱的に語りかけることが大切だ」

というのは完全に間違っているとは言えませんが、より重要なのは、

「メンバーのエンゲージメントを高める方程式をチームに埋め込むことが大切だ」

という考え方です。

もしもあなたのチームがメンバーのエンゲージメントが上がらない理由をリーダーのキャラクターやコミュニケーションにばかり求めているなら、すぐにその考えを改めて

〈エンゲージメントの公式〉

エンゲージメント

＝ 報酬・目標の魅力（WILL・やりたい） × 達成可能性（CAN ・やれる） × 危機感（MUST ・やるべき）

	報酬・目標の魅力（WILL・やりたい）	達成可能性（CAN ・やれる）	危機感（MUST ・やるべき）
Philosophy 型 ディズニー	ハピネスを 日本中の人々に 提供する	来客 1,000万人 来客 2,000万人 来客 3,000万人	貢献が少なければ 組織に 所属できなくなる
Profession 型 マッキンゼー	企業を変革する プロジェクトを 実現する	アソシエイト コンサルタント プロジェクトマネジャー	貢献ができないと 役割が 制限される
People 型 リクルート	一体感のある 組織をつくる	リーダー マネジャー ゼネラルマネジャー	貢献ができないと 職場で賞賛される 機会がなくなる

下さい。

そして、チームの中にエンゲージメントを高めるためのゴールやプロセスそしてペナルティを仕組みとして埋め込んで下さい。

※学術的背景に興味がある人はTheory「ビクター・H・ヴルーム『期待理論』」参照。

今の人は「感情報酬」で動く

企業経営において、社員のエンゲージメントの重要性が非常に高まってきています。アメリカのHR（人事）カンファレンスなどに参加すると、どの有識者講演や企業展示でも、エンゲージメントを高めることの重要性や方法論を打ち出しており、一大ホットトピックになっています。

企業が存続、発展していくためには「商品市場」「資本市場」「労働市場」という3つの市場から選ばれなければなりません。市場というのは「他者との価値交換を行う場所」であり、商品市場では顧客から選ばれる、資本市場では投資家から選ばれる、労働市場では人材から選ばれる必要があります。

商品市場では企業は顧客に商品を提供し、顧客は企業に対価を支払います。同じように労働市場では企業は人材に報酬を提供し、人材は時間や行動、その結果としての成果を提供します。市場ではお互いに選択ができますので、人材はその報酬に納得・満足し、貢献意欲＝エンゲージメントが高まらなければ、他の企業での就労を選択したり、企業の成果に繋がる行動を軽減させたりします。

３つの市場の中でも労働市場適応の重要性は高まる一方です。社会全体で第二次産業（製造業）から第三次産業（サービス業）の比率が高まり続けています。製造業の場合は商品をつくるために必要なのは工場や設備、そしてそれをつくるために必要なのは資金です。そのような時代においては、商品市場に適応するために、資本市場に適応することが重要でした。

しかし、サービス業の場合は商品をつくり、届けるために最も重要なのは人材です。商品市場に適応するために、労働市場に適応することが重要です。また、現在は多くの製造業にもサービス化が求められています。そして、労働市場の流動性（≒転職率）はかつてに比べると格段に高まっています。企業への共感、エンゲージメントが低下すれば、社員はすぐに去ってしまうようになりました。このことからも人材のエンゲージメントを高める重要性は更に高まっています。

かつてのテレビドラマでは、企業が窮地に立たされると、資金繰りのために主人公が銀行に頭を下げて回るという場面が度々登場しました。しかし、今は資金不足ではなく、人手不足で廃業するような企業が沢山あります。実際に労働市場に適応しきれなかったことにより、すき家は複数の店舗を閉店しましたし、ヤマト運輸は配達を制限しようとしています。

勿論、依然として企業にとって商品市場への適応は重要ですし、顧客から選ばれることに力を注げない企業は滅びます。一方で、労働市場への適応、つまりは人材から選ばれる会社づくり、エンゲージメントに、これまで以上に力を注がなければならない状況が生じています。

労働市場への適応に割かれているリソースをすべて商品市場への適応に注げば、一時的に業績はあがるかもしれませんが、組織が活力を失います。その結果として、人材が離れていけば、やがてジワジワと業績が落ち込んでくるはずです。

中長期的な観点で見れば、すべての企業組織に、そしてすべてのチームにエンゲージメントを高めることが求められているのです。

また、ここまでで紹介してきたエンゲージメントの4Pは実は大きく2つに分けられます。

金銭報酬や地位報酬に位置づけられるＰｒｉｖｉｌｅｇｅと感情報酬に位置づけられる

Philosophy、Profession、Peopleです。

金銭報酬や地位報酬は目に見えやすいですが、感情報酬（理念への共感、仕事のやりがい、仲間との繋がりなど）は目に見えにくいものです。

今、時代の流れとして目に見えない感情報酬の影響力が高まり続けています。社会全体が物質的に豊かになり、エンゲル係数（支出に占める食費の割合）が下がり続けている中で、多くの人が仕事に対して、物質的な豊かさだけでなく精神的な豊かさを求めるようになりました。

「給料をもらっているんだから、つべこべ言わずにやれ」というようなチームは通用しなくなってきています。何故ならば多くの人が「給料のためだけに働いているわけではない」からです。

これからの時代のチームは、金銭報酬や地位報酬だけでなく、感情報酬を重視しなければいけなくなっていくでしょう。

Episode（具体的事例）

「AKB48の熱狂的エンゲージメント」

Engagementの法則の具体例をお伝えします。

AKB48が、女性アーティストとして歴代1位であるCD総売上枚数5000万枚超えを記録したことは別の章でもお伝えしました。

AKB48は数百人を超えるチーム規模を維持することで、ファンが求める多様なニーズに応えることができます。そこまで人数が多くなるとひとりひとりのメンバーの熱量は下がっていくものです。しかし、人数が多くなってもチームメンバーの熱量は下がることなく、ライブの出来映えや自分自身のパフォーマンスに、嬉し涙や悔し涙を流すほどにひとりひとりが本気です。

私はそれが実現できているのは、AKB48にはエンゲージメントを高める仕組みが埋め込まれているからだと考えています。

まずはPhilosophyの魅力。初期のAKB48は「東京ドームで公演する」という明確なゴールを設定していました。「秋葉原の小劇場からスタートしたアイドルグループが東京ドームで公演するという奇跡を起こす」というビジョンが「報酬・目標の魅力」として設定されていたのです。そして、そこまでの道のりを「秋葉原の小劇場から東京ドームまでの距離、１８３０ｍ」と明記し、みんなが一歩一歩前に進んでいくというプロセスをイメージさせ、「達成可能性」を感じさせています。また、ＡＫＢ48には「恋愛禁止ルール」という暗黙のルールがあります。メンバーの恋愛が発覚した場合にはＡＫＢ48を脱退しなければならないという厳しいルールです。プロデューサーの秋元康さんは「恋愛しながら甲子園を目指すっていうのはなかなか難しいかなと思うんですよね」と発言されていらっしゃいますが、これはビジョンの実現に反した行動を取った際には、ペナルティを課し、「危機感」を高める効果があると思います。

次にＰｒｏｆｅｓｓｉｏｎの魅力。日々のアイドル活動が1年に1回ある「選抜総選挙」によって評価されます。「選抜総選挙」ではファンの投票によってメンバーに順位がつけられ、高い順位を取ればシングル曲を歌うことができるという「報酬・目標の魅力」が設定されています。また、シングル曲のメンバーに選ばれるまでのプロセスも、「フューチャーガールズ↓ネクストガールズ↓アンダーガールズ↓選抜メンバー」とステップが設定されており、「達成可能性」が感じられるようになっています。逆に、日々のアイドル活動にしっかりと取り組まずに、低い順位を取ってしまうと、様々な活動の機会が与えられないというペナルティにより、「危機感」を感じさせる仕組みになっています。

最後に、Ｐｅｏｐｌｅの魅力。ＡＫＢ48は選抜総選挙のようなファンからの人気による序列だけではなく、チームの他のメンバーをまとめていくための役職による序列が存在します。その代表的なものが「総監督」です。他のメンバーからの信頼を獲得することができれば、みんなをまとめていく役割としての「総監督」が「報酬・目標の魅力」として提供されます。そして、そこに至るまでのプロセスもチームＡやチームＫ、チームＢなど様々なグループの「リーダー」という役職によってステップが設定されており、「達成可能性」が感じられるようになっています。逆に、周囲のメンバーからの信頼が得られなければ、そういった役職には選ばれないというペナルティ「危機感」を感じさせる仕組みになっています。

勿論、他のアイドルと同じように、成功すれば名声や給与などのＰｒｉｖｉｌｅｇｅ、金銭報酬や地位報酬も獲得できるのですが、それだけではなくＰｈｉｌｏｓｏｐｈｙやＰｒｏｆｅｓｓｉｏｎ、Ｐｅｏｐｌｅといった感情報酬を獲得できる仕組みを埋め込めたことが、ＡＫＢ48の熱狂を生み出したのではないでしょうか。

Engagementの法則の【まとめ】

どんなに素晴らしいゴール設定ができたとしても、どんなに素晴らしいルール設計ができたとしても、それらを動かしていくのはメンバーであり、メンバーのモチベーションです。

かつてはお金がモチベーションの源泉になっていることが多かったため、多くのチームはそこまでモチベーションについて考える必要はありませんでした。パフォーマンスが上がれば、お金を払うという単純な構図が成り立っていたからです。

しかし、社会全体が豊かになり、お金だけではメンバーが動かなくなることも増えてきました。にもかかわらず、多くのチームにおいて、モチベーションやエンゲージメントは適切にマネジメントされていません。「給料もらってるんだから黙って働け!」というような時代錯誤の発言があったり、「やる気出せよ!」と伝えればモチベーションが上がると思っているような誤った対応がされているチームも多いように感じます。

まずは、メンバーに何に共感してもらい、モチベーションを生み出すのかを明確にして下さい。その上で、チームの中に共感を創造し続ける仕組みを埋め込んで下さい。目に見えないモチベーションやエンゲージメントに科学的かつ論理的にアプローチすることで、熱を帯びたチームが生まれるはずです。

Action checklist

□そのチームでは金銭報酬や地位報酬だけでなく感情報酬がメンバーに提供されているか？

□そのチームではメンバーに何に共感してもらうかが明確になっているか？

□そのチームにはメンバーがチームの魅力を感じる仕組みが埋め込まれているか？

□あなたは自分が何を求めてチームに参加しているかを明確にできているか？

□あなたはチームがメンバーの共感を生み出すことに貢献できているか？

［特別収録］

チームの
落とし穴

あなたのチームは
足し算か、
掛け算か、
割り算か？

チームには「落とし穴」がある。
落とし穴にはまるのか、避けるのか、
それはあなたたち次第だ。

チームが崩壊する落とし穴

チームは2人以上の人間が共通の目的を実現するためにつくられます。

当然、1人ではその共通の目的が実現できない、もしくは誰かと一緒に取り組んだ方が実現しやすくなるから、人はチームをつくるはずです。

1人で出せるパフォーマンスが100だとした時に、2人でやれば200のパフォーマンスが、3人でやれば300のパフォーマンスが出る。

このようなチームづくりの効果は「足し算のパフォーマンス」です。

一方で、チームづくりの効果を「掛け算のパフォーマンス」にすることもできます。

チームのつくり方次第では、1人が出していたパフォーマンスを100から120、140と高めることも可能だということです。

例えば、AさんとBさんが1人でやればそれぞれ100のパフォーマンスを出す場合、2人でチームをつくり、それぞれが自分の得意なことに集中できるように役割分担すれば、それぞれのパフォーマンスは100より大きくなる、ということがあるからです。

これが「掛け算のパフォーマンス」です。

「掛け算のパフォーマンス」を生み出すためには、まずは「適材適所」が大切です。メンバーひとりひとりのモチベーションタイプやポータブルスキルなどを把握し、チームの中にある様々な活動に求められる志向や能力を分析し、それらをマッチングさせることで初めてチームのパフォーマンスは最大化されます（モチベーションタイプやポータブルスキルタイプについては、第3章をご参照下さい）。

それ以外にも、ここまでお伝えしてきた「チームの法則」ＡＢＣＤＥを活用することにより、チームは掛け算のパフォーマンスを生み出すことができます。

しかし、時にチームをつくったことによって、１人だったら１００のパフォーマンスを出せるメンバーが１００より少ない80や60のパフォーマンスしか出せなくなることがあります。

これをチームの「割り算」のパフォーマンスと呼びます。

何故、そのようなことが起きてしまうのでしょうか？

それはチームが落とし穴にはまってしまうからです。

本章では、「チームの落とし穴」の数々を紹介し、その対応策を解き明かしていきます。

「チームの法則」ＡＢＣＤＥと合わせて実践することで、チームのパフォーマンスは更に高まるはずです。

「自分1人くらい」という落とし穴（社会的手抜き）

「社会的手抜き」という心理学用語があります。

20世紀初頭のフランスの農学者マクシミリアン・リンゲルマンの名前からリンゲルマン効果とも言います。

リンゲルマンは集団が大きくなればなるほど、１人あたりのパフォーマンスが低下するという現象を明らかにしました。

例えば、チームで庭の草むしりをするとします。

３人のチームでやれば10時間かかる作業だとすると、10人でやれば３時間で終わるはずです。

しかし、実際には10人でやると3時間以上かかってしまうのです。

これはチーム全体が「〝自分1人くらい〟という落とし穴」にはまってしまっていると言えます。

草むしりの例で言うと、3人のチームの時は「自分がやらねば」と思っていたメンバーが、10人になったとたんに「自分1人くらいやらなくても大丈夫だろう」と思ってしまうということです。

この落とし穴にはまらないためには、メンバーの「当事者意識」を高めることが重要です。

メンバーの「当事者意識」を高めるために最も無駄なのは、「当事者意識を持て！」と言うことです。

そうではなく、「当事者意識」が高められる仕組みをチームの中に埋め込むことが大切です。

当事者意識を埋め込むためのポイントは3つあります。

当事者意識を高めるためにコントロールすべき1つ目のポイントは「人数」です。チームの人数は少なければ少ないほど、ひとりひとりの当事者意識は高まります。

チームの人数が一定以上に達したら、チームを分化させ、大きなチームの中に小さなチームが複数あるという状況にした方が良いのです。


2つ目のポイントは「責任」です。

ひとりひとりの「責任」の所在が曖昧であれば、当然ひとりひとりの当事者意識も低下していきます。

Communicationの法則で紹介したルールづくりの考え方を用いて、「責任範囲」「評価対象」を明確にする必要があります。


3つ目のポイントは「参画感」です。

様々な意思決定が自分とは関係ないところで進んでいると、チーム全体のことが段々と他人事のようになっていきます。

Decisionの法則で紹介した「多数決」や「合議」という意思決定手法を適宜取り入れることで参画感を持たせることが可能です。

「リクナビ」「ゼクシィ」「スーモ」などのメディアを展開するリクルートは、社員のモチベーションが高い会社として知られていますが、創業者の江副浩正氏は、様々な手法を用いてメンバーの「当事者意識」を高めることに成功しています。

例えば、PC（プロフィットセンター）制という施策では、会社の中の一つ一つの職場を会社と見立てて、P／L（損益計算書）をつくらせました。人事部のようなスタッフ部門であっても、人事部が会社のために採用した人数が増えれば人事部の売上が増える、逆に人事担当の人数が増えるごとに人件費や家賃が増える、というような管理会計ルールをつくり、毎期の決算で部署ごとにP／Lを算出させたのです。

また、NewRINGという施策では、会社に対して新規事業のプランを提案する機会を全社員に提供しました。そして、NewRINGを全社をあげて盛り上げたのです。これにより、会社の未来は経営陣だけが描くのではなく、自分たちも描いていくんだという意識が広がったようです。

リクルートは「責任」を明確にし、「参画感」を高めることで「当事者意識」を高めることに成功した好例と言えるでしょう。

チームが「〝自分1人くらい〟という落とし穴」に陥らないように、メンバーの「当事者意識」を高め続ける必要があります。

「あの人が言っているから」という落とし穴（社会的権威）

社会心理学者ロバート・B・チャルディーニの世界的ベストセラー『影響力の武器』で紹介されている、人間の意思決定に誤った影響を与えてしまう要因の1つに「権威」があります。

「肩書や経験などの〝権威〟を持つ者に対して、人は信頼を置く」ことから、その分野において知名度の高い組織や発言力のある人などの意見に従ってしまう、という心理のことです。

チームにおいては、この「権威」が思わぬ形で悪影響を及ぼしてしまう時があります。

「〝あの人が言っているから〟という落とし穴」です。

それは肩書や経験のあるメンバーに他のメンバーがやみくもに従ってしまい、個人であれば決してしないような間違った意思決定をしてしまうことです。

この落とし穴により、個人のパフォーマンスが下がってしまいます。

Decisionの法則では、独裁という意思決定の効果をスピードという観点から述べましたが、この意思決定方法を間違った形で運用したり、多用しすぎると、この「〃あの人が言っているから〃という落とし穴」に陥りやすくなります。

特定の意思決定者が決めることに慣れすぎてしまい、メンバーが持っている情報を十分に共有しないまま、意思決定が進んでしまうことがあります。また、意思決定者に対して誰も意見を言わない状況が続くと、思考が深まらないまま、浅い思考で意思決定をしてしまうこともあり得ます。

また、Communicationの法則で紹介した「心理的安全」がきちんと醸成されていなければ、「どうせ言っても無駄だ」「言ってもまた否定される」などのメンバーの主体性をそぐ感情がメンバーの中で強くなってしまいます。結果として「あの人が言っているから」という受動的な態度が助長されていきます。

この落とし穴にはまらないためには、チームの中に「議論」というプロセスを埋め込むことが重要です。

時に肩書や経験にとらわれずにフラットに議論する場を設けたり、メンバーから意思決定者に提案するような場を設けることで、この落とし穴に陥るリスクを減らすことができます。

「独裁」という意思決定手法も、最終的な意思決定を1人でするという手法であって、決して途中の議論をしてはならないということではありません。むしろ意思決定の前の議論は、過度に時間をかけすぎるものでなければ、適切な「独裁」の助けになります。

短期間で急成長を遂げたＩＴ企業のサイバーエージェントでは、この「議論」のプロセスを経営チームにうまく組み込んでいます。「あした会議」という役員合宿では、それぞれの役員が社員たちとチームをつくって、社長に対して新規提案をします。その提案にＧＯサインを出すのは藤田社長ですが、実際に沢山の提案がこの合宿で可決されます。サイバーエージェントが藤田社長のトップダウンの意思決定スタイルと役員の積極的なコミットメントを両立している好例です。

チームが「〝あの人が言っているから〟という落とし穴」に陥らないように、「議論」をチームの中に適切に埋め込む必要があります。

「みんなが言っているから」という落とし穴（同調バイアス）

行動経済学は経済学に心理学的要素を組み込んだ学問分野です。

従来の経済学では、人は合理的かつ功利的な判断のもとに動くとされていました。功利的とは、選択肢の中で最も得するものを選ぶことを言います。このような自己の経済利益を最大化させることを唯一の行動基準とする人間のことをホモ・エコノミクスと呼びます。

ただ現実にはこのようなホモ・エコノミクスは存在しません。何故ならば、人間は感情で動く生き物であり、時に非合理的な行動を選択してしまうからです。

そこで、伝統的な経済学では説明のつかない人間の非合理的な行動について、心理学的な見地も念頭に置きながら理論的に説明する試みがなされるようになりました。

それが行動経済学です。

２００２年に行動経済学者のダニエル・カーネマンが、２０１７年には同じく行動経済学者のリチャード・セイラーがノーベル経済学賞を受賞し、世界中から注目されています。

行動経済学では「同調バイアス」というバイアスが提唱されています（ハーディング効果とも呼ばれます）。

その選択から得られる経済的合理性だけではなく、周囲の人々と同じ選択をして安心感を得たいという同調性が人間の判断に影響を与えるということを指します。

行列ができている飲食店を見つけると、特にその飲食店に行きたかったわけではないのに行きたくなってしまうことなどは、まさに同調性バイアスにかかっていると言えるでしょう。

ある実験では、ドッキリカメラで騙される人が病院の診察室に行くと、みんなが裸だったというドッキリを仕掛けたところ、騙される人が周囲の人に合わせて裸になったという面白い結果もあるようです。

チームにおいて、この同調バイアスが悪い方向に発揮されると、個人で活動したら100のパフォーマンスをあげる人が、他のチームメンバーが50や60しかパフォーマンスをあげていないのを見て、「みんなもやっていないから」という理由でパフォーマンスを下げてしまうということが起こり得ます。

自習室に勉強しに行ったら、みんなが雑談ばかりしているので自分も雑談してしまい、勉強がはかどらなかった、というようなことは至る所で見かけます。

この落とし穴にはまらないためには、チームの「雰囲気」を意識的にマネジメントすることが重要です。

同調バイアスがあることにより、人間はチーム全体の「雰囲気」に引きずられて自らの態度を決めるからです。

人は物事に対する態度を、自らの意思だけでなく周囲の態度によって決めるという「日和見主義」的な部分を持っています。

チームの方針に対してポジティブな人が2割、フラットな人が6割、ネガティブな人が2割いるとします。

ネガティブな人が2割から3割になった場合、チームはポジティブな人が2割、フラットな人が5割、ネガティブな人が3割にはならないことが多々あります。

フラットだった人たちがポジティブな人よりもネガティブな人が多いのを見て、ネガティブな態度へ変えることがあるからです。

結果として、放っておくとネガティブな人が増え続けるということがあります。

一度ネガティブな態度の人がマジョリティ（過半数）を握ってしまうと、みんなが同調バイアスを発揮し、ネガティブな態度に追随してしまうので、チームの「雰囲気」を変えることが非常に難しくなります。

一方でチームにポジティブな態度の人ばかりでもチームは良くない方向に進むことがあります。周囲の顔色を見ながら何でもかんでも賛成するようなチームは時に状況判断や意思決定を間違えるからです。

チームの方針に対して一定のネガティブな態度のメンバーが存在することは思考停止に陥らないためにも必要なことです。

チームの雰囲気はポジティブすぎてもネガティブすぎてもいけないのです。

「雰囲気」をマネジメントするためには、「スポットライト」と「インフルエンサー」の観点が重要です。

「スポットライト」はチーム内である態度のメンバーに光をあてることで、実態よりも全体的にポジティブな人が多い、ネガティブな人が多いと感じさせてチームの雰囲気をコントロールするアプローチです。

「インフルエンサー」はチーム内で特に他のメンバーに影響力の強いメンバーに個別に働きかけ、転換させることでチームの雰囲気をコントロールするアプローチです。

リクルートは創業者の江副浩正氏やNo．2だった大沢武志氏が東京大学の教育学部教育心理学科出身だったということもあり、組織づくりにこうした心理学の知見をふんだんに取り入れていました。

特に社内コミュニケーションを重要視し、表彰式や社内報を通じて、仕事に前向きに取り組む人にスポットライトをあてることに力を注いできました。また、創業者の江副氏は、社員が経営の方針に対してポジティブになりすぎることは、ひとりひとりの独立心をそぐと考え、社内コミュニケーションを担当するチームには「社内ジャーナリズム」を求めたと言います。

決して経営に媚びることなく、時に政権を批判するジャーナリストのように社内コミュニケーションチームが経営に批判的なメッセージを発信することで、経営や周囲に流されすぎずにひとりひとりが自分で考える雰囲気を社内に醸成しようとしていたのです。

チームが「〝みんなが言っているから〟という落とし穴」に陥らないように、「雰囲気」をマネジメントする必要があります。

「あの人よりやっているから」という落とし穴（参照点バイアス）

行動経済学では「参照点バイアス」というバイアスも提唱されています（アンカリング効果とも呼ばれています）。

最初に提示された数字や印象が参照点（アンカー：船のいかり）となって強く残り、その後の印象や行動に影響を及ぼすことを指しています。

例えば、ある会社が新規で開発したある商品Aが1万円で販売されたとします。その1年後に別の会社から類似の商品Bが5000円で販売されたら、多くの人が「安い」と感じるでしょう。しかし、それは商品Aが参照点となって判断しているだけなので、商品への客観的な評価ができているとは限りません。

このような心理作用がチームにおいてマイナスに働くことがあります。本来は100のパフォーマンスを出せる人が、隣のチームメンバーが60しかパフォーマンスを出していないので、自分も60くらいでいいか、と意識的・無意識的に考えてしまうのです。

特にリーダーはメンバーの参照点になりやすいです。「リーダーが遅刻しているから自分も遅刻して良い」「リーダーがきちんと人の話を聞いていないから自分も人の話を聞かなくて良い」などと都合の良い参照点としてメンバーがリーダーを使うことも多々あります。

この落とし穴にはまらないためには、チームの中で「基準」を明確に示すことが重要です。

Aimの法則で示した「意義目標」「成果目標」「行動目標」、Communicationの法則で示した「責任範囲（Where）」「評価対象（How）」について、それぞれのメンバーにどれくらいの「基準」を求めるのかを曖昧にせずに明確に提示することです。

またそれだけでなく、チームの中で誰が「基準」を満たしているのか、満たしていないのかを共有することで、自分に都合の良いメンバーの成果や行動を参照点にさせるのではなく、チームとして「基準」にすべきメンバーの成果や行動を参照点にする必要があります。

プロ野球チームの阪神タイガースは1985年の日本一以降、1987年から2001年まで15年間で10回も最下位になるという「暗黒時代」でした。

しかし、2003年に星野仙一監督のもと、阪神タイガースは18年ぶりのリーグ優勝を果たします。その後は毎年優勝争いに加わる強豪チームとなり、2005年にも岡田彰布監督のもと、リーグ優勝しています。

この阪神タイガースの復活には選手の中にある「基準」が影響していると言われています。

阪神タイガースは弱くても関西では非常に人気のある球団で、選手はファンや支援者から、言葉を選ばずに言うと甘やかされていたようです。そんな中で、選手も甘えた姿勢を持ってしまい、ちょっとしたことで弱音を吐いて練習を休んでしまうことも多かったと言います。

しかし、そんな状況が、ある選手の加入で変わります。

金本知憲選手です。

金本知憲選手は連続試合フルイニング出場の世界記録（１４９２試合）を持っている「鉄人」と呼ばれた選手です。トリプルスリーと呼ばれる打率３割、本塁打30本、30盗塁を成し遂げた、打ってよし、走ってよし、守ってよしの三拍子揃った選手であることも勿論素晴らしいのですが、阪神タイガースの他の選手に大きく影響を与えたのは、どんな状況であったとしても、練習や試合を休まずにストイックに野球に取り組む姿勢でした。

金本選手の加入によって、チーム全体の「基準」が変わり、選手たちの野球に取り組む姿勢が変わり、チーム全体の成績も変わっていきました。

「基準」が変わることにより、チームが変わった好例だと言えるでしょう。

チームが「〝あの人よりやっているから〟という落とし穴」に陥らないように、「基準」を明確に示す必要があります。

最終章

私たちの運命を変えた「チームの法則」

本章では「はじめに」でも触れた通り、私自身が「チームの法則」を活用してどのようにチームを変革したかをお伝えします。

２０１２年の夏、私は途方にくれていました。２０１０年、私はそれまで所属していた管理部門を離れ、リーマンショックで業績が落ち込んでいた組織人事コンサルティングを提供する部門に異動しました。そこから2年半、現場の業績を立て直すために、自分なりに奮闘しましたが、業績は落ち込み続けました。

また、業績だけでなく、組織も崩壊し、退職も相次いでいました。

その頃は、チームの雰囲気も悪く、毎日会社に行ってチームメンバーと顔を合わせることが少し億劫になるほどでした。

今でも忘れらない光景は、月末最終日前日に何とか部署の業績目標を達成しようと私が頭を捻っていたところ、業績をあげていない同僚たちが早々に達成を諦めて飲みに行った後ろ姿です。業績も、組織も、何も良くできない自分の無力さがとにかく情けなかったです。この会社で、このチームで、働き続けても仕方がないのではないか、そんな想いが心に芽生え始めてきました。

そんな時にある後輩が私に言ったのです。

「クライアントに伝えている組織変革のノウハウを、もっと僕たちのチームで実践しませんか？」

その瞬間、私はハッとしました。恥ずかしながら、私はクライアント企業の経営者に偉そうに組織変革についてアドバイスしながら、それを自分のチームできちんと実践していなかったのです。そこから私は組織変革のノウハウをより少人数の自チームにあてはめるための「チームの法則」に置き換え、徹底的に実践しました。

その結果、私たちのチームはどうなったか。

売上は10倍になりました。業績だけでなく、組織も良くなり、20〜30％だった退職率が2〜3％になりました。既存事業の組織人事コンサルティングがV字回復しただけではなく、私たちが生み出した新規事業組織改善クラウド「モチベーションクラウド」は、世の中から大きな注目を集めました。結果として、会社の時価総額は10倍になりました。

想像していた以上の変化が、私たちのチームに訪れたのです。

本章では、私が自分たちのチームで「チームの法則」を実践した事例をご紹介します。「チームの法則」の具体的な活用イメージを持って頂く一助になればと思います。

Aimの法則はビジネスモデルそのものを変革した

私たちがまず最初に実践したのがＡｉｍ（目標設定）の法則でした。

当時の私たちのチームを3つの目標で振り返ってみると、成果目標は「売上」、行動目標は「経営者の方に総合的な組織変革コンサルティングを提案する」と設定されていたのですが、意義目標が不明確でした。

毎クオーター（四半期）、がむしゃらに成果目標である売上を追いかけていたのですが、売上はあがるどころか下がっていっていました。

そうするうちに、何のために売上を追いかけるのかすら見失っていっていました。

そこで私たちはチームの意義目標を定めることにしました。会社には「モチベーションエンジニアリングで組織に変革の機会を提供する」というミッションが定められていました。

モチベーションエンジニアリングとは私たちのノウハウ、技術の総称です。

原点に立ち返る意味も込めて、そのミッションをそのままチームの意義目標に設定しました。

そして、その意義目標と自分たちの現状を照らし合わせてみると、大きな乖離《かいり》があることに気づきました。

創業当初からミッションは定められていたのですが、企業としてこだわっていたのは「変革」という言葉でした。社員研修をやる、人事制度をつくるといったことに留まらず、その先にある組織の変化まで顧客と共に追求していこうという私たちの姿勢を示した言葉でした。

しかし、実際は目先の売上という成果目標を追求するあまり、その姿勢が薄らいでしまっていました。

売上という成果目標が目的化し、意義目標である組織の変革への意識が低くなってしまっていたのです。

そして、顧客は私たちのチームのそうした姿勢を敏感に感じ取り、離れていってしまっていました。

そこで私たちは「変革」という意義目標をもとに、「売上」に加えて「リピート率」

という成果目標を定めました。

「リピート率」というのは、コンサルティングを提供したクライアント企業様が、プロジェクト終了後にまた新たなプロジェクトをご発注下さる比率を指しています。

組織の課題というのが企業から完全になくなることはありませんので、私たちのプロジェクトがきちんと顧客の変革に貢献できていれば、必ず次のプロジェクトをご発注下さいます。

「リピート率」という成果目標は「売上」以上に、「変革」という意義目標に合致したものだったのです。

この「リピート率」という成果目標がチームメンバーたちの行動を変えました。

それまではある顧客でのプロジェクトが終了すると、すぐに他の顧客のプロジェクトに目が行ってしまうことが恥ずかしながら多かったのです。しかし「リピート率」を成果目標に設定してからは、プロジェクト終了後のフォローにコンサルタントたちが力を入れるようになりました。

結果として、それまで40％ほどしかなかったリピート率が、3年後には80％まで上昇しました。

それと共に売上も積みあがるようになり、3億円ほどだった私のチームの売上は5年後には10倍の30億円に達しました。

それまでの私たちのチームは、極論を言うと、会社から与えられた「売上」という成果目標の奴隷でした。

しかし、自分たちのチームの意義目標を定め、それに基づいて成果目標を変えたことにより、飛躍を遂げることができたのです。

また、Ａｉｍの法則による私たちのチーム変革は既存事業の立て直しに留まりませんでした。

成果目標として定めたリピート率を80％以上に更に高めていくためには、ビジネスモデルそのものの変革が必要だったのです。

コンサルティングサービスは、その都度その都度クライアント企業様の課題に合わせて提案をしていくため、顧客の状況次第では次のご発注を頂けないこともあります。

リピート率を80％以上に高めていくために生み出された新規事業が、国内初の組織改善クラウド「モチベーションクラウド」というサービスでした。

モチベーションクラウドは社員の方々にシステム上で調査を実施し、組織状態を定量化・可視化するサービスです。日本最大級の組織状態に関するデータベースをもとに、エンゲージメントスコア（ＥＳ）という形で組織状態を数値化することができます。

多くの企業が事業活動に関しては少なくとも半年や四半期に一度は売上・利益という形で数値化し、ＰＤＣＡサイクルを回しています。しかし、組織活動に関しては、勘や経験をもとに取り組んでしまっていました。それに対してモチベーションクラウドでは半年や四半期に一度、組織状態を表すＥＳという形で数値化し、ＰＤＣＡサイクルを回すことができます。

毎月の月額課金で企業に新たな経営指標を提供するこのサービスは、その度ごとの顧客の状況に依存せずに取引を継続していけるので、リピート率が劇的に向上するはずだと考えました。

「組織にものさし（定量指標）を」をコンセプトとしたモチベーションクラウドは、リリース後すぐに多くの企業の共感を呼び、大ヒットしました。

そして狙いは見事に的中し、モチベーションクラウドのリピート率は年間で95％を超えました。月次ベースでは解約率はわずか０・５％です。これにより、私たちのチームは顧客企業の組織変革に向けたパートナーとして継続的に併走することができるようになりました。

「変革」という意義目標、それを実現するための「リピート率」という成果目標にとことん向き合ったからこそ、生まれた新規事業でした。

また、成果はそれだけに留まりませんでした。

私たちのチームが発案したこの新規事業は、外部の投資家からその革新性や成長性、安定性が高く評価され、リンクアンドモチベーションの株価が一時約10倍まで跳ね上がったのです。

意義目標が私たちのチームの成果目標を変え、成果目標が私たちのビジネスそのものを変え、そして最終的には私たちのチームが会社そのものを変えたと言っても過言ではありません。

Ａｉｍの法則がチームを変えることを心から実感した瞬間でした。

手前味噌ではありますが、たった十数名のチームに、社員１０００名を超える企業を中から変えるほどの力があるのだという、「チームの力」を思い知る経験となりました。

Boardingの法則は最高のメンバーを連れてきた

もともと組織人事コンサルティングという事業に取り組んでいた私たちのチームは、

新規事業モチベーションクラウドを立ち上げることになりました。

それまでの組織人事コンサルティングはチーム活動の4タイプでいう駅伝型だと思います。

組織人事コンサルティング事業では、それぞれのメンバーが自分の担当プロジェクトを責任を持って成功に導くことが何より重要です。コミュニケーション能力とロジカルシンキング能力のバランスの取れたコンサルタントをメンバーとして揃え、それぞれのメンバーが自分のプロジェクトをある程度自己完結させていくことが求められます。また、組織人事の分野は一定のトレンドはあるものの、どちらかというと普遍的な原理原則をしっかりと理解して対応していくことが重要です。

そのため、新卒採用を軸にした均質的かつ固定的なメンバー構成で活動することで、成果をあげてきました。

そのようなメンバー選定は組織人事コンサルティングを展開する上では良かったのですが、新規事業のモチベーションクラウドでは違ったメンバー選定が求められました。

モチベーションクラウドは活動のタイプとしてはサッカー型です。

プロダクトマネジャー、デザイナー、エンジニア、マーケッター、インサイドセールス（内勤営業）、フィールドセールス（外勤営業）、コンサルタント、カスタマーサポートなどが一体となってモチベーションクラウドという1つのプロダクトをつくりあげ、届ける活動です。多様なメンバーが密に連携していく必要があります。また、ITのビジネスは変化や競争が大変激しく、できる限り速いスピードでチームを立ち上げた上で、常に環境に柔軟に対応していく必要がありました。

しかし、それまで組織人事コンサルティングを営んできた当社には、エンジニアもデザイナーもマーケッターもいませんでした。

そこで私は外部のパートナーやフリーランスで活動するメンバーに会社に常駐してもらう形でチームメンバーを募りました。優秀なエンジニアやデザイナー、マーケッターに1社ずつ、1人ずつ声をかけていきました。

優秀なプロフェッショナルほど、他社からの引き合いも多く、簡単には引き受けてもらえませんでしたが、モチベーションクラウドの「モチベーションエンジニアリングで組織に変革の機会を提供する」というミッションを語り、口説いて、常駐や半常駐で次々とチームに加わってもらいました。

密に連携するために、外部パートナーやフリーランスのメンバーにもモチベーションクラウド事業の経営会議にまで参加してもらいました。自社としては異例のことでしたが、そうした判断により多様なメンバーが状況に応じてスピーディに連携するサッカー型チームをつくりあげることができました。

結果として、モチベーションクラウドは構想から半年も経たずにプロダクトリリースに漕ぎ着けました。外部のパートナーと共につくりあげたプロダクトはグッドデザイン・ベスト100に選ばれるなど、高い評価を頂いています。ほんの少し前までエンジニアもデザイナーもいなかった私たちの会社としては想像もつかなかった結果を生めたと思います。

Boardingの法則に基づくメンバー探しやメンバー選びが「チームの力」を飛躍的に伸ばしてくれることを知る経験となりました。

Communicationの法則はメンバーの心を通わせた

私たちのチームが立ち上げた新規事業モチベーションクラウドはリンクアンドモチベーションの社員のみならず、社外のパートナー企業やフリーランスのメンバーで構成されることとなりました。

そのおかげでそれまで社内にはいなかった、エンジニア、デザイナー、マーケッター、クリエイターなど多様な才能を持ったチームメンバーを集めることができました。

しかし、長年同じ会社で仕事をしてきたリンクアンドモチベーションの社員たちと違い、お互いが仕事をしてきたバックグラウンドが全く違うメンバーたちでした。

前提としている仕事の進め方や職場のつくり方のイメージが違うことから、細かなところで不具合が生じていました。これらの食い違いにより、お互いに対する不信感や不安感が生まれ、それが更にコミュニケーションを阻害することになっていました。

結果として、チーム内の連携不足により、開発計画は大幅に遅れていきました。マーケティングは社内メンバーと社外パートナーの間でコミュニケーションミスが多発し、不要な修正作業が日常茶飯事となっていました。

違う環境で働いてきたメンバー同士がスムーズに連携するためには、ルールを設定し、浸透させていくことも大切です。しかし、刻一刻と状況が変わっていく新規事業に適切に対応するためには、ルールだけでなく円滑で活発なコミュニケーションが重要だと考えました。

そこで私たちが使ったのが「取扱説明書」と「モチベーショングラフ」でした。

私たちは「最高のプロダクトは最高のチームから生まれる」という考えのもと、チームづくりに取り組んでいます。

世の中にはプロダクトをユーザーに使いこなしてもらうために、プロダクトのことを分かりやすく記した「取扱説明書」があります。であるならば、メンバー同士がお互いを最大限活かし合うために、メンバーのことを分かりやすく記した「取扱説明書」があっても良いのではないか。そんな発想からチームメンバー全員が自分の「取扱説明書」を作成しました。

「取扱説明書」には自分の人生の「経験」と「感覚」を示した「モチベーショングラフ」、自分の「能力」や「志向」を記した「ポータブルスキル」や「モチベーションタイプ」の他、自分がどんな時に嬉しいと感じ、悲しいと感じるか、周囲のメンバーにはどのように関わってほしいかまで記載されています。

これにより、初めて仕事をするメンバー同士でも、相手のコンテキスト（文脈）を理解したコミュニケーションができるようになりました。そうすることで、お互いへのネガティブな感情が徐々になくなり、効果的で効率的なコミュニケーションが増えていきました。

私自身もパートナー企業やフリーランスのメンバーとコミュニケーションを取る際には、極力相手のバックボーンを理解するようにしました。そして、その業務が相手のキャリアにとってどのような意味をなすのか、相手のどのような強みを活かしてその業務に取り組んでほしいと思っているのか、まで伝えるようにしました。

また、チームの中では月に1回「モチベーショングラフ」を共有するようにしました。そうすると、同じ職場で仕事しているだけでは決して気づくことのできないチームメンバーの様々な感情に気づくことができます。自分は全然気にならないようなことが、相手にとっては大きくモチベーションを下げることに繋がっていたのだという意外な気づきも沢山ありました。

メンバー同士の相互理解を促進しただけでなく、モチベーションが下がったことやプロジェクトがうまくいっていないことを打ち明けやすい場を設けたことで、チーム内に心理的安全を生み出すこともできました。

モチベーションクラウドのデザインを担当してくれているデザイン会社のメンバーからはある時こんなメッセージをもらうことができました。

「僕はこれまで人生において心から『メンター』と呼べる人に出会えていなかったんですが、いま人生で初めて、メンターになって頂きたいと心の底から思っています。もちろん仕事のパートナーとして、友人として、お付き合いを続けながら、ぜひメンター的にこれからも相談に乗っていただけるとめちゃくちゃ嬉しいです。モチベーションクラウドで、自分の未来も、自分と関わる人の未来も変えられるよう、頑張ります」

このような相互理解や心理的安全のもと、開発会社や技術顧問、デザイン会社、広告代理店やデジタルマーケティング支援会社など、多様なメンバーで構成されるモチベーションクラウドチームは、企業の壁を越えた活発なコミュニケーションが展開されるチームへと変化していきました。

Communicationの法則はチームを大きく進化させることを学んだ瞬間でした。

Decisionの法則は進むべき道を示してくれた

私たちのチームは、既存事業である組織人事コンサルティング事業の立て直しから、新規事業であるモチベーションクラウド事業の立ち上げへと活動の軸足を変化させていきました。

そんな中、私たちは状況に応じて意思決定方法を使い分けてきました。

既存事業である組織人事コンサルティング事業を立て直す際には、主に「独裁」を手法として用いていました。

既存事業の立て直しには、「市場に適応していないサービスメニューの廃止」「不採算なプロジェクトからの撤退」などの痛みを伴う様々な決断が必要です。

行動経済学では、人間は「現状維持バイアス」という、変化よりも現状を維持することを望む心理作用を持っていると定められています。変化することで利益を得られる可能性があるのに、変化を恐れて行動を起こすことができないことが多いのです。

そのような場面において「合議」をしてしまうと、「折角このサービスメニューについて学んできたのに」「これまでこのプロジェクトに費やしてきた時間が無駄になってしまう」などの想いから、それぞれの意思決定の利害関係者であるメンバーからの反対の声が大きくなってしまい、適切な意思決定ができません。

「独裁」という手法を用いたことにより、リーマンショック時に売上を何とかつくるために受注した不採算なプロジェクトからの撤退をスピーディに実現することができました。それにより、顧客の要望に過度に応えすぎることによる利益の喪失やメンバーの疲弊という状況を解消することができました。

また、目の前の売上を追いかけるためにサービスメニューを増やしすぎた結果、市場における自分たちのポジショニングを見失っていました。本当に顧客にニーズがあり、競合と差別化ができ、自社のノウハウを活かせるメニュー以外は私の判断ですべて廃止しました。20以上あった研修メニューなどは、真に優位性のある2つに絞り込み、その2つの研修メニューを徹底的にブラッシュアップしました。結果として私たちのサービスメニューは市場における優位性を取り戻しました。

既存事業の立て直しが成功したのは、「独裁」という意思決定を用いただけでなく、チームメンバーたちが意思決定には51％のメリットと49％のデメリットがあることを認識し、私の決断を正解にしようと愚直に実行してくれたおかげでした。

また、「独裁」という意思決定方法のデメリットとして、メンバーたちの納得感や主体性が低下していくことがあげられます。「どうせ麻野さんが決めるから」という空気が広がってしまい、当事者意識をそいでしまうのです。それを防ぐために、要所要所で「多数決」という方法を取り入れました。例えば、チームのＭＶＰは毎月メンバーたちの投票で選んでいました。モチベーションクラウドのロゴをつくる時やＣＭのクリエイティブをつくる時などは、２案用意してメンバーたちの多数決で決めました。いずれもどのような選択肢を選ぶかそのものよりも、意思決定のプロセスを通じてメンバーたちの当事者意識を高めることのメリットが大きいと考えたからです。

「独裁」を基本的な手法として用いながらも、時々「多数決」を使うことにより、「みんなでチームをつくっていく」「みんなでチームの活動を成功させる」というチームのカルチャーを醸成することができました。

また、新規事業のモチベーションクラウドを立ち上げた頃から、「合議」による意思決定の割合を増やしていきました。

ＩＴビジネスは私にとっては未知の経験であり、コンサルタント出身の私だけではなく、エンジニアやデザイナーの意見を取り入れながら意思決定していく必要があると考えたのです。

どの機能から順に開発していくかはモチベーションクラウドの命運を分かつ非常に重要な意思決定でした。どの機能をどの順番で開発するかを議論する前に、主要開発メンバー全員で「継続利用率の向上」「新規顧客の開拓」といったビジネス視点、「システムの拡張性」「システムの安定性」といったテクノロジー視点、「利用者のユーザビリティ向上」「プロダクト全体の顧客体験改善」などのデザイン視点の３つの視点から選択基準を洗い出しました。そして、選択基準に対する優先順位を定めた上で、みんなで意思決定を進めていきました。

結果として、私の持っているビジネス視点に偏りすぎた意思決定にならずに、最適な決断を積み重ねられていると感じています。

Ｄｅｃｉｓｉｏｎの法則が私たちのチームに確固たる指針を与えてくれました。

Engagementの法則は全力で走る力を与えてくれた

実は私は「モチベーション」をテーマにしたリンクアンドモチベーションという会社で働いているにもかかわらず、自分のチームづくりについてはモチベーションやエンゲージメントで大失敗をしていました。

組織人事コンサルティング事業を立て直そうとしている当時、私自身がチーム運営にとって最も大切だと言っても過言ではない「モチベーション」を後回しにしてしまいました。結果として、メンバーたちのモチベーションが下がり、多くの離職者を生んでしまっていたのです。

リンクアンドモチベーションに入社してくるメンバーたちは、そのPhilosophy（理念・方針）に惹かれて入社してくるケースが多いです。

「モチベーションエンジニアリングで組織に変革の機会を提供する」というミッションに共感し、「組織で働くことに苦しんでいる人の力になりたい」「組織の喜びをもっと多くの人に届けたい」という想いを抱いて会社に飛び込んできてくれています。

しかし、私のチームで話される会話は、「どうすればこのクオーター（四半期）の業績をもっと上げられるのか？」「どうすればこのプロジェクトを納期通りに終わらせられるのか？」といった近視眼的な話ばかりでした。

志を抱いて入社してきたメンバーたちが、ただひたすらに目の前の業績を追いかけるだけ、案件を進めるだけのチームになってしまっていたのです。多くのメンバーたちが失望し、退職していきました。

勿論、目の前の仕事をどう成功させるかということは非常に重要なのですが、その先にどんな社会が生まれるのか、どんな未来が待っているのかということも語り合い、感じられるようなチームづくりをすべきでした。

そのことに気づいたのは、モチベーションサーベイ（のちのモチベーションクラウド）という、組織状態を定量化・可視化する自社のツールを用いて自チームのエンゲージメントスコアを測定した時でした。

Ｐｈｉｌｏｓｏｐｈｙにあたる理念戦略のスコアが低かったのです。

私自身は自社の採用シーンにおいて、リンクアンドモチベーションのミッションやビジョンを散々応募者の方々に語っていました。だからＰｈｉｌｏｓｏｐｈｙの魅力で入社を決めてくれたメンバーも多かったのですが、入社してからはメンバーたちにミッションやビジョンを語る機会がほとんどなかったことにその時、初めて気づきました。

そこから私たちのエンゲージメントを高める取り組み、特にPhilosophyの魅力を高める施策が始まりました。

まず、クオーター（四半期）ごとに丸2日をかけた「キックオフ」を実施しました。「ミッションやビジョンを実現するために、どれくらいの業績を実現しなければいけないのか？」「その業績を実現するためにどのような戦略に取り組むべきなのか？」というミッション・ビジョンと業績・戦略との繋がりを徹底的に議論し、落とし込みました。

次に、クオーターごとに半日かけて「エンジニアリングセッション」を開催しました。

私たちがミッションに掲げている「モチベーションエンジニアリング」という言葉には、技術を大切にして経営していくという意味合いを込めています。

「案件を成功させたとしても、その効果は3年から5年で徐々に薄らいでいく。組織を変革したとしても、その効果は5年から10年すれば徐々に薄らいでいく。しかし、案件を成功に導き、組織を変革できる技術を生み出し、この世に残すことができれば、その技術はたとえ私たちが死んでからもずっと組織を変え続けてくれる。エジソンが死んでからも、彼が発明した電球は私たちを照らし続けてくれているように」

そんな想いを込めて、自分たちの事業をモチベーションコンサルティングではなく、モチベーションエンジニアリングと名付けていました。

モチベーションエンジニアリングという技術づくりに参加する時間は、メンバーがミッション・ビジョンに対して自分は貢献できているという実感、Ｐｈｉｌｏｓｏｐｈｙの魅力を最も感じやすい瞬間です。

そこで、クオーターごとの「エンジニアリングセッション」では、３か月間の業務の中で、私たちの組織変革やチームづくり、モチベーション向上に関して各メンバーが新たに生み出したノウハウを技術として共有する発表会をしました。

例えば、シニアコンサルタントであれば採用戦略や組織開発に関する新たなフレームワークやメソッドを、セールスアシスタントであればモチベーションが高まりやすい日報のフォーマットを、ジュニアメンバーであれば新入社員研修プログラムの改善案を、それぞれの視点から発表しました。

良い提案は実際に日々のビジネスで使うドキュメントやプログラムに活用しました。

コンサルティング事業のメンバーはともすれば、一定以上の経験や能力を獲得すれば、退職して個人事業主で活動した方が目先のお金を稼ぐことができます。しかし、みんなで技術を進化させていくことは組織でなければ味わえない醍醐味です。

そこから生まれた技術は私たちのコンサルティング事業の効果や効率を高めることにも勿論貢献してくれたのですが、何よりもメンバーたちの中にミッションやビジョンへの貢献実感を生み出しました。

これらの「キックオフ」や「エンジニアリングセッション」によってメンバーは日々の業務とミッションやビジョンに強い繋がりを感じることができるようになりました。そして、Ｐｈｉｌｏｓｏｐｈｙの魅力が高まり、私たちは強いエンゲージメントのあるチームへと生まれ変わりました。

結果として、モチベーションサーベイのエンゲージメントスコアも非常に高い水準になり、それまで20〜30％ほどあった私たちのチームの退職率は２〜３％まで下がりました。

「キックオフ」や「エンジニアリングセッション」はチームのメンバーが他の活動をストップして、それぞれ丸１日実施しているので、短期的な営業活動にはマイナスです。しかし、この時間的投資はエンゲージメントの向上と共に最終的には業績に跳ね返ってくると実感しています。

Ｆ１レースはコンマ１秒を争っていますが、どのチームも必ずピットインします。ピットインでロスする時間よりも、すり減ったタイヤで走り続けることでロスする時間の方が最終的には長くなるからです。

メンバーのエンゲージメントが低いまま走り続けるチームは、まさにすり減ったタイヤで走り続けるチームだと言えます。

Ｅｎｇａｇｅｍｅｎｔの法則により、チームの共通の目的の実現に向けて、力強く走ることができるチームが生まれました。

「チームの法則」が私たちにもたらしたもの

「チームの法則」による改革は私たちに様々なものをもたらしてくれました。

既存事業の売上が10倍になりました。
新規事業で株価は10倍になりました。
退職率は２〜３％まで低下しました。

定量的な成果を得ただけではありません。

定性的な側面も得ることができました。

目標をやり遂げる達成感。

顧客に喜んでもらえる貢献感。

そして何よりも、私の人生にとって大きかったのは、そこから生まれた豊かな人間関係でした。


誰かの弱みを誰かの強みで補い合う。

壁にぶつかれば一緒に知恵を出し合う。

落ち込むことがあれば肩を貸し合う。

開発が成功すれば、肩を組み合って喜ぶ。

目標を達成したら嬉しくて、共に涙を流す。

気づけば、お互いがお互いにとって、決して欠かすことのできないかけがえのない存在になっていきました。

最高のチームは、私たちひとりひとりを幸せにする力がある。

「チームの法則」は私にそんなことを教えてくれました。

そして私の中での誤解をまた1つ、解いてくれました。

それは、

「偉大なチームには偉大なリーダーがいる」

のではなく、

「偉大なチームには、法則がある」

ということだったのです。

「チームの法則」でつくった最高のチームは、平凡なサラリーマンだった私だけでは到底実現できなかったであろう奇跡のようなパフォーマンスの数々を生み出してくれたのです。

終わりに

チームから組織へ

組織を変えるのはあなただ

私は組織変革コンサルタントとして様々な企業の変革に携わってきました。

そんな中で、1つ違和感を感じていることがあります。

それは、「組織を変えるのは誰なのか?」ということです。

日本では働き方改革の影響もあり、多くの経営者や人事関係者が組織変革に大きな関心を寄せています。

その影響で多くの企業が働きやすい組織づくり、職場づくりに取り組みました。それらは日本の組織や職場の発展に大きく貢献したことは疑う余地がありません。

しかし、私はこのままでは多くの企業で組織変革や働き方改革は失敗に終わるのではないかと感じています。

組織変革に最も大きな影響を与えるのは、間違いなく経営者です。そして、人事責任者や人事担当者の役割も非常に重要です。

しかし、果たして経営者や人事が本気で取り組めば、それだけで組織変革は実現するのでしょうか。

答えはＮＯです。

真の組織変革を実現するためには、経営と人事だけでなく、現場が主体的、自立的に組織を変えていく必要があります。

現場で働く社員ひとりひとりが自らのチームを変えていくことが大切なのです。

しかし、現場に目をやると自らチームをつくっていく意識など全くない方々も沢山いらっしゃいます。

組織は会社や人事から与えられるもの、職場は上司から与えられるものだと思って、居酒屋で組織の不満を漏らしたり、ＳＮＳで職場の愚痴を呟いたりしている方々がどれだけ多いか。

しかし、良い組織は、この国で働くひとりひとりの手によってつくり上げていくものだと思うのです。

経営者向けでも、人事向けでも、管理職向けでもなく、リーダー向けでもなく、あらゆるビジネスパーソンに読んで頂けるように、組織を形づくるチームについての本を書いたのは、そんな状況を変えたかったからです。

居酒屋で組織の不満を漏らしたり、ＳＮＳで職場の愚痴を呟くくらいなら、自ら一歩踏み出して、チームづくりをしてみませんか？

私は「組織」を産業にする

私の仕事は組織変革コンサルタントです。
組織とは、複数のチームの集合体です。
チームを変えていくその先に、すべての組織を変えていきたいと考えています。
人間の喜びには色々なものがあると思っています。

美味しい料理を食べる幸せ。
面白い映画を見る幸せ。
楽しい旅行に行く幸せ。
どれもかけがえのない人間の幸せです。

しかし私は、組織を通じて何かを成し遂げたり、組織を通じて誰かと繋がれたりすることほど、人間を幸せにするものはないと思っています。

一方で人間を不幸にするのも組織です。

組織がうまく運営されていないがために成果が出ていないことが沢山あります。

世の中には組織の人間関係が苦で、心を病んでしまう方も沢山いらっしゃいます。

私はこの国のあらゆる組織の力になれるような、産業をつくりたいと思っています。

医療は、この国のあらゆる人の健康を高める産業をつくっています。

ほとんどの人が、定期的に健康診断を受ける。

健康診断で結果が悪ければ、病院で精密検査を受ける。

この国のどこに住んでいたとしても、病院に行くことができ、国家資格を持った医師に診断、処置してもらえる。

時には薬の投与や手術の実施で病気を治療してもらえる。

様々な人や製品が組み合わさって、病気を治し、健康を保つ大きな社会システムを形成しています。

勿論、完璧ではないと思いますが、その完成度は私の目から見ると凄まじいものです。

一方で、組織はどうか。

まだまだ、困ったら本人が勘や経験で変えていくしかない状況です。

私はそんな組織が置かれた状況を変えていく産業、システムをつくりたいと考え、仕事をしています。

医療における健康診断にあたる事業として、日本最大級の社員クチコミサイトのＯｐｅｎＷｏｒｋ（旧Ｖｏｒｋｅｒｓ）にリンクアンドモチベーションから出資しています。ＯｐｅｎＷｏｒｋには10万社を超える企業の組織状態が、社員や元社員の方々のクチコミによって赤裸々に綴られています。医療における健康診断があらゆる人間の健康状態を可視化しているように、ＯｐｅｎＷｏｒｋはあらゆる企業の組織状態が可視化されています。

次に、医療における精密検査にあたる事業として、本書でも何度も取り上げた組織改善クラウド、モチベーションクラウドを展開しています。医療におけるレントゲンのように、社員の方々へのアンケート調査で組織状態を可視化・診断し、改善までできるサービスです。日本最大級のデータベースを通じて、その組織状態を偏差値化できます。また、医療におけるＭＲＩのように、部署別や階層別などの属性別に精緻に分析することが可能です。

そして、医療における薬の投与や手術の実施にあたる事業として、組織コンサルティング事業を展開しています。医療における総合病院のように、理念浸透から人材採用、人材育成、人事制度までをワンストップで支援できる体制を整えています。更に踏み込んだ支援をする場合には、出資をしてハンズオンで組織変革の支援をするインキュベーション事業も展開しています。

医療という産業が人類から身体の病をなくす戦いだとしたら、私は組織という産業をつくることで、人類から組織における苦しみをなくすべく戦っています。

しかし、本書の中で偉そうにリンクアンドモチベーションの時価総額があがったという話をしてきましたが、医療という産業に比べると私たちがつくろうとしている組織の産業はまだまだ未成熟です。

私たちが前記のようなサービスを提供できているのは、この国のほんの一握りの組織に過ぎません。

日本中のすべての人に、ひとりひとりの力を活かせる組織を、チームを、届ける。

そのために、組織を形づくるひとつひとつのチームの力を最大限引き出す。

その挑戦はまだ、始まったばかりです。

最後に～『THE TEAM』というチームへ～

この『THE TEAM』という本を書くことができたのは、他ならぬチームの力です。

幻冬舎の箕輪厚介さん。私がこの世界のどこに立っていて、どちらの方向に向かって、どんなことを叫べば、世界は動く可能性があるのか。そんなことを箕輪さんは私に問い、気づかせてくれました。

幻冬舎の山口奈緒子さん。私のワガママにも、箕輪さんの時にトリッキーな動きにも（笑）、いつも柔軟に対応して下さいました。

ライターの長谷川リョーさん。私のまとまりのない話を、最初に文章として形にして下さった長谷川さんのおかげで、方向を見失うことなく最後まで書き上げることができました。

リンクアンドモチベーションの沖田慧祐くん。抽象度が高くなりがちなチームの話を、図やチャートで可視化できたのは沖田くんのおかげです。

社内ゼミであるモチベーションエンジニアリングゼミの井上千寿さん、小林萌々さん、杉江美祥さん、千賀純歌さん、千手蓮三くん、谷原拓也さん、長島麻由美さん、藤田理孝くん、丸山拓人くん、芳川諒子さん。膨大な量の文献や事例を調べ切ることは、私ひとりでは決してできませんでした。

ＮｅｗｓＰｉｃｋｓアカデミア麻野ゼミの皆さん。まだ不完全だった「チームの法則」に皆さんが意見を下さったり、実践して下さったことで、「チームの法則」に魂が吹き込まれました。

クライアント企業の皆さま。本来は私たちが支える立場ですが、「組織は変えることができる」という勇気を逆にいつも私たちが頂いています。

リンクアンドモチベーション代表の小笹芳央さん。この本に書いてある「チームの法則」はすべて小笹さんが生み出した「モチベーションエンジニアリング」に基づいています。私の知識や技術は全部、小笹さんから教えてもらったものである、と言っても過言でありません。

リンクアンドモチベーションの皆さん。組織の素晴らしさ、チームの尊さ、そういったことを教えてくれるのは、いつも皆さんです。皆さんと一緒につくるチームが、私の人生をいつも豊かにしてくれます。

そして、この本を最後まで読んで下さった読者の皆さま。皆さまも『THE TEAM』というチームの大切な一員です。自分たちのチームにこのチームの法則を伝えて下さい。そして「チームの法則」に基づくチームづくりに取り組んでみて下さい。

「チームの喜びを日本中に届けたい」

そんな荒削りな私の想いに共感して下さった『THE TEAM』チームの皆さんの力でこの本は生まれました。

その想いを最後に形にできるのは他ならぬ読者の皆さまです。皆さまのチームづくりという挑戦の成功を心から祈っています。

THE TEAM
5つの法則

2019年4月5日　第1刷発行
2025年5月25日　第13刷発行

著者
麻野耕司

発行者
見城 徹

発行所
株式会社 幻冬舎
〒151-0051 東京都渋谷区千駄ヶ谷4-9-7
電話　03(5411)6211［編集］
　　　03(5411)6222［営業］

印刷・製本所
中央精版印刷株式会社

ISBN978-4-344-03454-9　C0095
幻冬舎ホームページアドレス
https://www.gentosha.co.jp/

この本に関するご意見・ご感想は、
下記アンケートフォームからお寄せください。
https://www.gentosha.co.jp/e/

装幀　トサカデザイン
イラスト　沖田慧祐（リンクアンドモチベーション）
編集協力　長谷川リョー（モメンタム・ホース）
編集　箕輪厚介（幻冬舎）
山口奈緒子（幻冬舎）

■参考文献

Episode

「新幹線お掃除の天使たち」(P.46)
・新幹線お掃除の天使たち「世界一の現場力」はどう生まれたか?／遠藤 功／あさ出版
・奇跡の職場 新幹線清掃チームの働く誇り／矢部輝夫／あさ出版

「サッカー 日本代表南アフリカワールドカップ ベスト16」(P.48)
・岡田武史というリーダー(ベスト新書)／二宮寿朗／ベストセラーズ
・岡田武史氏が語る、日本代表監督の仕事とは／ITmedia ビジネスオンライン／
https://www.itmedia.co.jp/makoto/articles/0912/14/news010.html

「ロンドンオリンピック女子バレーボール 銅メダル」(P.139)
・女子バレー真鍋監督に学ぶ「女子力」の引き出し方／NIKKEI STYLE／
https://style.nikkei.com/article/DGXNASFK2201I_S3A520C1000000

「ジョン・F・ケネディのキューバ危機回避」(P.141)
・決断の本質 プロセス志向の意思決定マネジメント(ウォートン経営戦略シリーズ)／
マイケル・A・ロベルト(著),スカイライトコンサルティング(翻訳)／英治出版

「ピクサーの初登場連続1位記録」(P.143)
・ピクサー流 創造するちから――小さな可能性から、大きな価値を生み出す方法／エイミー・ワラス・エド・キャットムル,石原 薫(翻訳)／ダイヤモンド社

「NASA アポロ11号 月面着陸」(P.169)
・世界最高峰の頭脳集団NASAに学ぶ決断技法―不可能の壁を破る思考の力／中村慎吾／東洋経済新報社

「シンガポールの経済成長」(P.170)
・物語 シンガポールの歴史 エリート開発主義国家の200年(中公新書)／岩崎育夫／中央公論新社

Theory

Aimの法則
・経営者の役割(経営名著シリーズ 2)／C.I.バーナード(著), 山本安次郎(翻訳)／ダイヤモンド社
・組織行動のマネジメント――入門から実践へ／スティーブン P. ロビンス(著)、髙木晴夫(翻訳)／ダイヤモンド社
・思考と行動における言語／S. I. ハヤカワ(著),大久保忠利(翻訳)／岩波書店

Boardingの法則
・The Management of Innovation／Tom Burns(著), G. M. Stalker(著)／
Oxford University Press
・経営組織の環境適応／加護野忠男(著)／白桃書房

Communicationの法則
・異文化理解力 ― 相手と自分の真意がわかる ビジネスパーソン必須の教養／
エリン・メイヤー(著), 田岡 恵(監訳), 樋口武志(翻訳)／英治出版
・チームが機能するとはどういうことか―「学習力」と「実行力」を高める実践アプローチ／
エイミー・C・エドモンドソン(著), 野津智子(翻訳)／英治出版

Decisionの法則
・問題解決と意思決定の世界標準・KT法／高多清在(著)／実業之日本社
・影響力の武器[第三版]: なぜ、人は動かされるのか／ロバート・B・チャルディーニ(著),
社会行動研究会(翻訳)／誠信書房

Engagementの法則
・Social Pressures in Informal Groups: A Study of Human Factors in Housing／
Leon Festinger, Kurt W. Back, Stanley Schachter(著)／Stanford University Press
・仕事とモティベーション／ビクター・H・ヴルーム(著),坂下昭宣(翻訳)／千倉書房

チームの落とし穴
・人はなぜ集団になると怠けるのか―「社会的手抜き」の心理学(中公新書)／釘原直樹(著)／中央公論新社
・行動経済学 経済は「感情」で動いている(光文社新書)／友野典男(著)／光文社

［巻末収録］

「チームの法則」の学術的背景

本書で紹介している「チームの法則」はすべてがアカデミックな知見に基づいて定められています。ここでは、基となっている知見について簡単にご紹介しておきます。

Theory

Aimの法則の学術的背景

チェスター・バーナード「組織の成立要件」

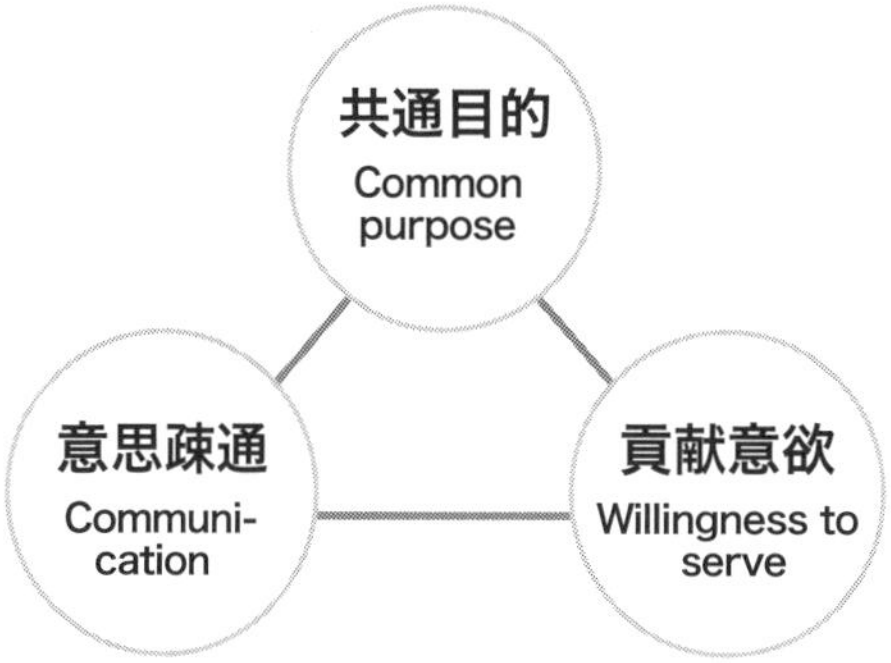

チェスター・バーナードは現在の組織論の礎をつくったと言っても過言ではない、20世紀前半を代表する経営学者です。

フレデリック・テイラーが唱えた「科学的管理法」において、人間は組織の中で孤立した存在として捉えられましたが、バーナードは組織を、人間が相互に影響を及ぼし合いながら成立するシステムとして捉えました。

バーナードはその著書『経営者の役割』において、組織成立の3要素を定め

ています。「共通目的（Common purpose）」「意思疎通（Communication）」「貢献意欲（Willingness to serve）」の3つです。組織は個人が1人では実現し得ないこと（共通目的）を、2人以上の人間が相互に意思を伝達しながら（意思疎通）、その実現に貢献しようとする意欲を持って（貢献意欲）、達成を目指す時に成立すると定義しました。

第1章では、バーナードの捉える「共通目的」をAimの法則として掘り下げましたが、別の章では「意思疎通」をCommunicationの法則として、「貢献意欲」をEngagementの法則として掘り下げています。

スティーブン・P・ロビンス「チームとグループの違い」

スティーブン・ロビンスは組織行動学の世界的名著『組織行動のマネジメント』において、チームとグループの違いを次のような4つの観点から説明しています。

1つ目は目標（Goal）の違い。グループの目標は単に情報共有に留まりますが、チームの目標は集団的な業績を目指します。2つ目は相互影響（Synergy）の違い。グループは相互影響に消極的ですが、チームは積極的です。3つ目は説明責任（Accountability）の違い。グループは個人に説明責任がありますが、チームは共同的に説明責任を負います。4つ目はメンバーの能力（Skills）

の違い。グループは能力がバラバラなメンバーが集まりますが、チームは補完的な能力を持ったメンバーを集めます。

4つ目のどんな能力のメンバーを集めるべきかについては、第2章のBoardingの法則において掘り下げています。

サミュエル・I・ハヤカワ「抽象のハシゴ」

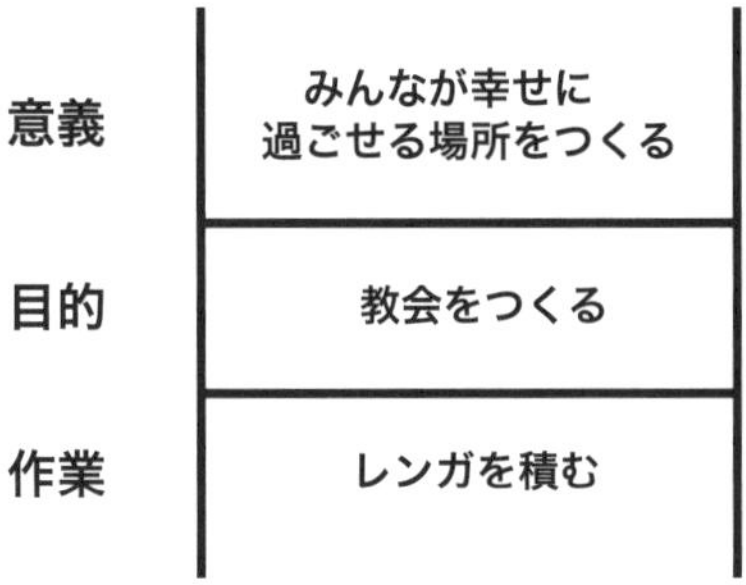

アメリカの言語学者、サミュエル・I・ハヤカワは『思考と行動における言語』の中で「抽象のハシゴ」という概念を提唱しました。

例えば、3人のレンガ職人に「あなたはどんな仕事をしているのですか?」と質問した場合、3パターンの回答が考えられます。1つ目は「レンガを積んでいます」という回答。これは「作業」のレベルで仕事を捉えています。2つ目は「教会をつくっています」という回答。これは「目的」のレベルで仕事を捉えています。3つ目は「みんなが幸せに過ごせる場所をつくっています」という回答。これは「意義」のレベルで仕事を捉えています。

意義レベルだけでしか仕事を捉えられなければ、具体的な作業がはかどらない可能性が高くなります。作業レベルだけでしか仕事を捉えられなければ、新しい工夫などが生まれない可能性があります。

物事を様々な抽象レベルで捉えることによって、パフォーマンスを高めるこ

とができるという思考技術です。

Aimの法則の「行動目標」「成果目標」「意義目標」という考え方は、この「抽象のハシゴ」という考え方がベースになっています。

Theory

Boardingの法則の学術的背景

バーンズ&ストーカー「コンティンジェンシー理論」

Boardingの法則では「チームには絶対解ではなく、最適解がある」という考え方のもと、チームを4つのタイプに分け、タイプごとのメンバー選びについて紹介しています。この考え方は経営学の「コンティンジェンシー（Contingency）理論」に基づいています。

コンティンジェンシーとは「（将来起こり得る）偶然の出来事」という意味で、転じて「状況適合」という意味で使われています。

どのような状況でも効果的な唯一絶対の組織形態があるわけではなく、状況に合わせた組織形態を構築していかなければならないという理論です。

初期のコンティンジェンシー理論は1960年代にバーンズとストーカーが唱えた「環境の不確実性が組織の構造を規定する」という理論でした。彼らはイギリスのエレクトロニクス企業15社の事例研究から、組織構造には安定的な環

境に適する「機械的システム」（官僚制）と予見困難な行動が要請される環境に適合する「有機的システム」（非官僚制）があるということを発見しました。

1980年代には、日本の経営学者・加護野忠男がコンティンジェンシー理論を3つの変数と「適合と調和」というキーコンセプトで図式化しました。3つの変数とは①状況変数（環境、技術、規模など）②組織特性変数（組織構造、管理システムなど）③成果変数（組織の有効性、機能など）です。この3つの変数を「適合」させていくことが組織には必要だ、と説いています。

環境変化のスピードが速い現代のビジネス環境においては、会社が置かれた状況に合わせて組織構築していく必要があり、すべての経営者や人事関係者、管理職が意識すべき理論だと思います。

まずは、Boardingの法則やCommunicationの法則で紹介しているチームの4タイプを自チームに適用するところから始めてみて下さい。

Theory

Communicationの法則の学術的背景

エリン・メイヤー「カルチャー・マップ」

Communicationの法則では、コミュニケーションコストを低減させるルールづくりについて紹介しています。

チーム活動の前提をルールとして明文化しなければ、チーム内に様々なズレが生じてしまうのは、私たちが生まれ育った環境によって異なる「暗黙の前提」を持っているからです。

同じ日本という国で育ったチームメンバー同士でも異なる「暗黙の前提」を持っていますが、国が異なるとよりその違いは鮮明になります。

ビジネススクールINSEAD客員教授で、異文化マネジメントに焦点をあてた組織行動学を専門とするエリン・メイヤーは、主に国ごとに文化が異なることによってもたらされる、活動や人間関係の、8つの前提の違いを提唱しています。

①コミュニケーション：ローコンテクストvsハイコンテクスト
②評価（ネガティブフィードバック）：直接的vs間接的
③説得：原理優先vs応用優先
④リード：平等主義vs 階層主義
⑤決断：合意志向vsトップダウン式
⑥信頼：タスクベースvs関係ベース
⑦見解の相違：対立型vs対立回避型
⑧スケジューリング：直線型vs柔軟型

Communicationの法則で紹介しているルールづくりの4W1Hはこのような

違いを裏側の構造として設計しています。

コミュニケーションについては、アメリカやオランダは「ローコンテクスト型」、日本や中国は「ハイコンテクスト型」という前提を持っています。「ローコンテクスト型」は「良いコミュニケーションとは厳密、シンプルで明確なものである。メッセージは額面通りに伝え、額面通りに受け取る」、「ハイコンテクスト型」は「良いコミュニケーションとは繊細、含みがあり、多層的なものである。メッセージは行間で受け取る。ほのめかして伝えられることが多い」という前提を持ちやすいとされています。

ルールの「設定粒度」においては、「ローコンテクスト型」の前提を持った人はルールを多く、「ハイコンテクスト型」の前提を持った人はルールを少なく設定した方が良いと考えがちです。よって、ルールの「設定粒度」を粗くするのか、細かくするのかを明確にする必要があります。

リードについては、デンマークやオランダは「平等主義」、日本や韓国は「階層主義」という前提を持っています。「平等主義」は「上司と部下の距離は近い。理想の上司とは平等な人々の中のまとめ役である。組織はフラット。しばしば序列を飛び越えてコミュニケーションが行われる」、「階層主義」は「上司と部下の距離は遠い。理想の上司とは最前線で導く、強い旗振り役である。肩書が重要。組織は多層的で固定的。序列に沿ってコミュニケーションが行われる」という前提を持ちやすいとされています。

ルールの「権限規定」においては、「平等主義」の前提を持った人はメンバーが決める、「階層主義」の前提を持った人はリーダーが決めると定めた方が良いと考えがちです。よって、「権限規定」に関するルールでリーダーとメンバーどちらが決めるのかを明確にする必要があります。

また、エリン・メイヤーの「カルチャー・マップ」には登場しませんが、役割分担については、アメリカやイギリスは「テトリス型」、日本やタイは「アメーバ型」という前提を持っています。「テトリス型」は「職務や役割、責任範囲が明確に決まっており、互いに侵犯してはならない」、「アメーバ型」は「職務や

役割、責任範囲は曖昧。全体最適の発想のもと、自身の責任範囲外のことにも積極的に関わる」という前提を持ちやすいとされています。

ルールの「責任範囲」については、「テトリス型」の前提を持った人は個人成果に責任を負う、「アメーバ型」の前提を持った人は全体成果に責任を負う方が良いと考えがちです。よって、「責任範囲」に関するルールで、メンバーがチーム成果と個人成果のどちらを重視するのかを明確にする必要があります。

信頼については、アメリカやスイスは「タスクベース型」、中国やブラジルは「関係ベース型」という前提を持っているとされています。「タスクベース型」は「信頼はビジネスに関連した活動によって築かれる。仕事の関係は実際の状況に合わせてくっついたり離れたりが簡単にできる」、「関係ベース型」は「信頼は食事をしたり、お酒を飲んだりすることによって築かれる。仕事の関係はゆっくりと長い期間をかけて築かれる。個人的な時間も共有する」という前提を持ちやすいとされています。

ルールの「評価対象」については、「タスクベース型」の前提を持った人は成果を評価する、「関係ベース型」の前提を持った人はプロセスも評価する方が良いと思いがちです。よって、「評価対象」に関するルールで成果とプロセスのどちらを評価するのかを明確にする必要があります。

スケジューリングについては、ドイツや日本は「直線型」、中国やインドは「柔軟型」という前提を持っているとされています。「直線型」は「プロジェクトは直線的なものとして捉えられ、一つの作業が終わったら次の作業へ進む。一度に一つずつ、邪魔は入らない。重要なのは締切とスケジュール通りに進むこと」、「柔軟型」は「プロジェクトは流動的なものとして捉えられ、場当たり的に作業を進める。様々なことが同時に進行し、邪魔が入っても受け入れられる。重要なのは順応性」という前提を持ちやすいとされています。

ルールの「確認頻度」については、「直線型」の前提を持った人は途中段階も確認する、「柔軟型」の前提を持った人は最終的な結果を確認する方が良いと思いがちです。よって、「確認頻度」に関するルールで、途中確認は多い方

が良いのか少ない方が良いのかを明確にする必要があります。

本理論は主にグローバルな国ごとの文化の違いについて述べられていますが、同じ国のメンバーでチームをつくる際にも、それぞれのメンバーのバックグラウンドによって異なる前提をひとりひとりが持っています。

だからこそ、ルールの4W1Hをきちんと定めなければ、前提の異なるメンバーの連携がうまくいきません。また、ルールだけでは前提の違いのすべてに対応できないので、同じチームのメンバーがどのような前提を持っているかも理解した上でコミュニケーションしていく必要があります。

エイミー・C・エドモンドソン「心理的安全」

Communicationの法則で紹介している「心理的安全」について、ハーバード・ビジネススクール教授でリーダーシップと経営論を担当するエイミー・C・エドモンドソンは様々な理論を提唱しています。心理的安全が不足している時に生じる不安として、本章でも紹介した「無知だと思われる」「無能だと思われる」「邪魔だと思われる」「批判的だと思われる」もその一つです。

一方で、単に「心理的安全」があるだけで、目標設定や責任範囲が不明確

では、ただの緩いチームになってしまい、チームの目的や目標を実現することはできないということもエドモンドソンは述べています。

実現したい目標の達成に向けて活動している前提の中で、チームの中でメンバーが自分の思ったことをきちんと言える環境をつくることが望ましいでしょう。

Theory

Decisionの法則の学術的背景

アーヴィング・ジャニス「集団浅慮（グループシンク）」

「三人寄れば文殊の知恵」と言いますが、逆にチームをつくることにより、誤った意思決定をしてしまうことがあるとDecisionの法則で紹介しています。

アメリカの社会心理学者アーヴィング・ジャニスは1972年に「集団浅慮（もしくは集団思考）」という概念を提唱します。

「集団が選択肢を現実的に評価するよりも満場一致を優先させようとしたときに生じる、素早くかつ安易な思考」と定義されています。

例えば、1人で道路を渡る際には左右をしっかりと見渡し、信号を確認してから渡るにもかかわらず、大勢の仲間と一緒に道路を渡る際には状況を確認せずに先頭の人についていくことで、事故のリスクが高まってしまうことなどがあげられると思います。

ジャニスは太平洋戦争のきっかけとなった真珠湾攻撃においても、アメリカ軍には集団浅慮があったと分析しています。真珠湾攻撃の直前、ハワイ駐留のアメリカ軍司令官は日本軍のハワイ攻撃の可能性を本国から警告されていました。ところが、アメリカ軍の幕僚たちと合議する中で「そんなことはないだろう」という結論に至ってしまい、最後まで警戒を怠ってしまったというのです。

ジャニスはそのような集団浅慮が起こりやすい集団の3つの特徴を定めています。

特徴1は「過大評価」です。「自分たちは決して負けることや失敗することがない」という過度な楽観主義や「自分たちの考えは絶対に正しい」という極端な信仰から、自分たちの集団への過大評価が生まれ、不適切な意思決定をして

しまいます。

特徴2は「閉鎖性」です。集団が外部に対して閉鎖性を持つことにより、「自分たちは集団として間違っていない」という自己弁護や「敵は弱くて間抜けだ」といった偏見が生まれ、不適切な意思決定をしてしまいます。

特徴3は「均一化への圧力」です。「集団の合意から外れてはいけない」という自分の意見への抑制や「多くの人の意見が一緒であればみんなも同じ意見だろう」という満場一致の幻想、「反対意見は許さない」という反対者への圧力、「自分たちが決めたことはうまくいってほしい」という意思決定の正当化により、不適切な意思決定をしていまいます。

また、前記の3つのタイプのどれかにあてはまると、様々な兆候が現れるとも定めています。①代替案を十分に精査しない②目標を十分に精査しない③採用しようとしている選択肢の危険性を検討しない④いったん否定された代替案は再検討しない⑤情報をよく探さない⑥手元にある情報の取捨選択に偏向がある⑦非常事態に対応する計画を策定できないという7つです。

集団浅慮を避けるためには、Decisionの法則で取り上げた合議の手法なども用いて、適切な意思決定をする必要があります。

ロバート･B･チャルディーニ「影響力の武器」

アメリカを代表する社会心理学者であるロバート・B・チャルディーニの著書『影響力の武器』は世界的なベストセラーになりました。

『影響力の武器』は、人はどのように説得され、なぜ望まれた行動をとってしまうかについて、心理学的側面から分析した書籍です。人々の「思わず買ってしまった」などの行動を事例としてあげながら、人に影響を与えるための様々

なアプローチを紹介しています。

『影響力の武器』の中では、人間の意思決定、特に承諾に影響を与える6つの要素を紹介しています。

1つ目は「返報性」。

人間は、相手に何かをしてもらった場合に無意識に相手にお返しをしてしまうものです。

2つ目は「コミットメントと一貫性」。

人間は「一貫性がある人間だと見られたい」という性質を持っているというものです。

3つ目は「社会的証明」。

人間は社会で多くの人たちが取っている言動や行動を正しいと考えてしまうというものです。

4つ目は「権威」。

人間は相手に「権威がある」と判断すると、その人の言うことに従いやすくなるというものです。

5つ目は「好意」。

人間は友人、家族、恋人など、好意を持っている相手の言動は信じやすいというものです。

6つ目は「希少性」。

人間は数が少ないものが良いものに違いないと考えてしまうというものです。


Decisionの法則ではセールスやマーケティングの場面における「影響力の武器」をチームにおける意思決定者の影響力の源泉として応用し紹介しました。影響力を適切に発揮することで、意思決定後の実行度合いは確実に高まるでしょう。

Theory

Engagementの法則

レオン・フェスティンガー「集団凝集性」

Engagemnetの法則で紹介する4Pはアメリカの心理学者レオン・フェスティンガーの「集団凝集性」という理論が基になっています。

フェスティンガーは「メンバーを集団内に留めようとする力の総体」を「集団凝集性」と呼びました。

「集団凝集性」が高まることにより、
①　メンバーが相互に魅力を感じるようになる
②　集団内の規範に従うようになる
③　集団内の役割分担がスムーズに実現する
などが可能になると定めています。

そして、「集団凝集性」を高めるためには、
①　集団の目標が魅力的であること
②　集団の目標が自分の目標として受容されていること
③　メンバー間の対人関係が良いこと
④　集団が外部から高い評価を受けているとメンバーが認識していること
が必要だと説いています。

一方で、「集団凝集性」が高まることにより、「同調圧力」などの集団の負の側面が強くなることもあり、注意が必要であるとされています。

ビクター・H・ヴルーム「期待理論」

Engagementの法則で紹介するエンゲージメントの公式「報酬・目標の魅力×達成可能性×危機感」はビクター・ヴルームの「期待理論」が基になります。

ヴルームは組織における人間行動の心理学的分析の第一人者です。モチベーションに関わる研究結果を体系的にまとめ、モチベーションが生じる過程を明らかにしました。ヴルームは1964年に著書『仕事とモティベーション』において、「期待理論」を発表しています。

ヴルームの「期待理論」は以下のような方程式に要約されます。

M＝E×V

Mはモチベーション（Motivational force）、Eは期待（Expectancy）、Vは誘意性（Valence）です。

ヴルームはモチベーションをその行動を選択する力と定義しました。そして、モチベーションは期待と誘意性の掛け算によって決まると考えていました。

期待とは、自分の行動により得られる結果を表します。誘意性とは、得られる結果に対して自分が感じている魅力を表します。

例えば、同じバレーボール部に所属しているA君とB君のモチベーションについて考えてみましょう。

2人ともレギュラーを目指して、日々の練習に取り組んでいます。「頑張って練習すればレギュラーになれるだろう」という確率をA君は80%、B君は60%と見込んでいるとします。この数字だけ見ると、A君の方がモチベーション高く練習に参加し、苦しい練習でも逃げずに取り組むように思えます。

しかし、A君はバレーボール部でレギュラーになることの魅力をあまり感じて

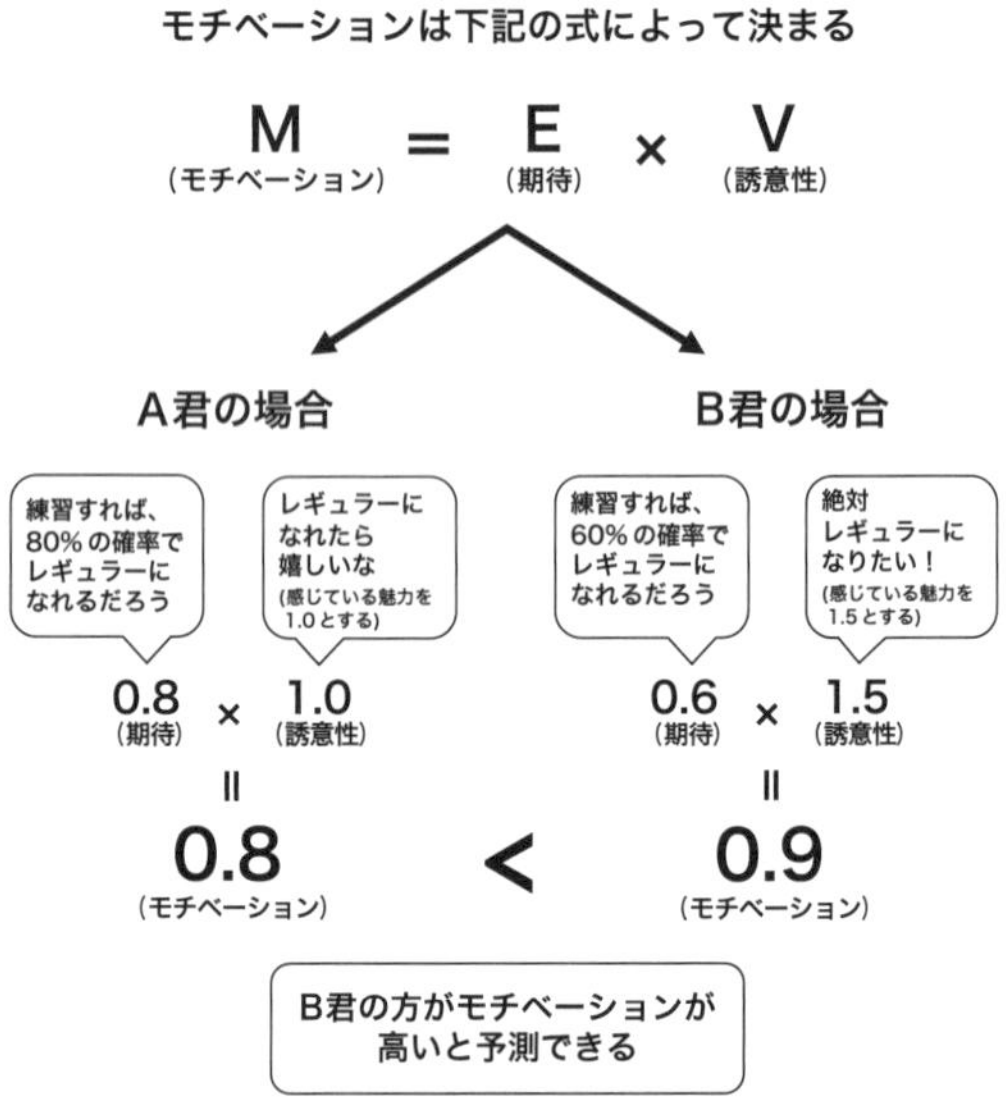

おらず、どちらかというと勉強して偏差値の高い学校の受験に成功することの方が自分の人生にとってプラスになると考えていたとします。B君はバレーボール部でレギュラーになって、スポーツ推薦でバレーボールの強豪校に進学したいと思っていたとします。A君、B君のそれぞれがバレーボール部のレギュラーになることに感じている魅力を1.0と1.5という数値で表せたとします。

期待理論では、「頑張って練習すればレギュラーになれると見込んでいる確率」を期待、「レギュラーになることに感じている魅力」を誘意性と定めます。

期待理論に基づくとA君は期待0.8×誘意性1.0＝モチベーション0.8、B君は期待0.6×誘意性1.5＝モチベーション0.9と算出されます。よって、B君の方がA君よりも積極的に練習に参加すると予測できるということです。

ヴルームの「期待理論」によって、目に見えないモチベーションが公式として表現されることになり、モチベーション研究に大きな進歩をもたらしました。